KB264631

이은바 전도부인의 생애

호주 여의사 진 데이비스 선교사의 리더십과

김 인 철 지음

호주 여의사
진 데이비스 선교사의 리더십과
이은바 전도부인의 생애

초판인쇄 2024년 12월 13일
지은이 김인철

펴낸이 박수정
펴낸곳 도서출판 카리타스
주소 부산광역시 동구 중앙대로 298 부산 YWCA 303호
전화 051)462-5495
홈페이지 www.enkorea.kr
등록번호 제 2006-000002호

ISBN 978-89-97087-89-1

호주 여의사 진 데이비스 선교사의 리더십과

이은바 전도부인의 생애

김 인 철 지음

도서출판 카리타스

Contents

제 3부 김인철 경제학 교수의 교육 및 사회활동

필자 김인철 교수의 에필로그(Epilogue) / 173

저자 김 인 철

필자는 '이은바' 여사의 친손자이다. 이 책을 출판하게 된 것은 '이은바' 할머니께서 내게 남겨주신 2장의 사진 때문이었다. 1장은 할머니께서 전도부인 복장을 하고 동료 전도부인과 함께 서서 찍은 빛바랜 사진이었다. 또 다른 사진은 1939년 후반기에 진주 배돈병원(Paton Memorial Hospital)앞에서 찍은 단체 사진이었다. 이 병원은 호주 장로회 선교부에서 1913년 50베드 규모의 서양식 병원 건물이었다.

이 사진 앞줄 중앙에 앉은 병원장 데이비스 박사를 비롯하여 당시 병원에서 종사하던 의사, 원목, 병원 사감, 기타 병원 직원 모두가 함께 촬영한 사진이었다. 이사진을 우연히 고신대학교 이상규 명예교수께 보여드림으로써 그때 당시 배돈병원장 Jean Davies 박사와 이현속 원목이 어떤 분이셨던가를 알 수 있게 되었다. 후에 이현속 원목은 순교하셨다고 들었다. 이상규 명예교수는 일찍이 멜버른의 장로교신학대학에 유학하여 교회사를 연구하였으며, 고신대학에서 평생 후학을 길러내셨다.

필자의 선친 김대성 의사가 남긴 사진은 많이 있었다. 연희전문대학 시절에 찍은 사진이 많았고 이정신 어머니와 결혼한 후에 찍은 사진도 비교적 많았다. 그러나 그가 어떻게 해서 바이올린을 평안남도의 평양에서 그리고 진남포에서 연주할 수 있었으며 그리고 어떻게 해서 저의 모친 이정신 씨가 20세에 일본 무사시노(무장야) 음악대학을 졸업한 후 평안북도 신의주 제1교회에서 반주자가 되었는지, 사진만 가지고는 잘 알 수가 없었다.

그런데 1년 전, 우연히 정부 경제연구소에서 같이 일 한 적이 있고 지금은 숭실대학교 명예교수인 이윤재 씨를 통해 김대성 부친께서 평양 숭실학교에서 1928-33년 기간 재학했으며 재학 중 바이올린 연주를 통해 숭실학교를 대외적으로 알렸다는 사실을 알 수 있었다. 1933년 11월 11일자 조선일보 기자가 숭실학교 대강당 음악회에서 김대성 학생이 바이올린을 연주한 것을 신문에 보도했으며 1933년 11월 21일 진남포 YMCA 강당에서 김대성 군이 바이올린을 2중주 연주한 분위기를 동아일보에서 게재한 사실을 알게 되었다. 이로써 대성 학생은 어릴 때부터 배돈병원에서 바이올린을 배우고 찬송가를 연주했다는 사실과 일치했다.

이 책의 주 내용은 필자의 조모이신 '이은바' 여사께서 호주 장로회 선교부에서 파견된 진 데이비스 (Jean Davies) 의사로부터 공적으로 사적으로 많은 도움을 받았다. 이에 더하여 이은바 여사의 외아들 김대성도 어릴 때부터 사적으로 매크라렌 의사와 데이비스 여의사로부터 큰 사랑과 도움을 많이 받음으로써 바이올린을 연주하는 훌륭한 의사가 될 수 있었다.

1880년대 중반에 서양 선교사들이 조선에 와서 선교활동을 할 때 조선 사람들이 쉽게 발음하고 또 쉽게 기억할 수 있게 자신의 조선식 이름을 작명하는 일반적 관례였다. 진 데이비스 박사의 조선식 이름은 '대지안(代至安)'이었다. '代'는 그녀의 성(姓) 'Davies'의 첫 소리글자 '대'이며 '지안'은 그녀의 이름 'Jean'에서 따온 것이다. 그녀의 성과 이름인 '대지안'은 그 시대에 태어나 지극히 먼 곳까지 가서 사람들을 전도하여 하나님이 주시는 平安이 그들에게 두루 퍼지게 하는 사람이라는 뜻이 된다. Davies 여사는 평생 결혼하지 않고 의료선교 활동을 했다.

'이은바'는 '은혜받은 李씨'를 가리킨다고 조선 사람이 한 번만 설명을 들으면 누구나 쉽게 기억할 수 있는 이름이었다. 그 이후부터 이재령 여사는 예수님의 제자라는 믿음을 가지고 일제로부터 조선이 해방되어 어느 곳에 가든지 이 이름으로 등록했음을 알 수 있다.

진 데이비스 선교사는 1918년 1월 추운 겨울날 29세의 미혼 여성으로 진주 배돈 병원 (Paton Memorial Hospital)의 원장으로 취임하였으며 1941년 일본 군국주의 정책에 의해 조선에서 추방될 때까지 23년 동안 전력을 다하여 의료선교 활동을 전개하셨다. 이 기간에 이재령 여사는 호주장로회선교부가 지원하는 성경학원에서 5년 정도 성경을 배운 후 전도 부인이 되셨고 후반에는 배돈병원의 사감직을 맡아 일함으로써 외아들인 김대성을 평양에 있는 5년제 기독교 학교인 평양숭실학교와 그리고 서울의 기독교 학교인 연희전문학교에 유학 보낼 수 있었다.

한편 데이비스 원장은 김대성을 친아들로 여기고 의술을 가르쳤으며 매크라렌 의사는 세브란스병원이 주관하는 세브란스연합의학전문학교 (Severance United Medical College)의 교수로서 김대성에게 의학교육의 기회도 주었다. 이로써 1939년 연희전문학교를 졸업하고 일본 정부가 시행하는 의사 시험에 합격하여 법적으로 의사가 되었다.

데이비스 원장, 역시 하나님의 은혜를 확실하게 받으신 분이었다. 어느 날 데이비스 여사 앞에 나타난 불쌍한 조선 여인, 이재령 씨를 같은 식구로 여기고 따뜻하게 맞아들였다. 데이비스 여사는 남편을 사별하고 3살 된 유복자를 데리고 나타난 불쌍한 이재령 여인에게 호주 선교부가 주관하고 운영하는 성경학원에서 수년간 공부하게 하여 공식적으로 호주의 전도부인으로 활동하게 해 주었다. 성경학원 건물은 배돈병원 근처에 있었다. 데이비스 여 선교사의 도움으로 이재령 여사는 진정으로 예수님을 믿어 구원받게 되었다.

데이비스 여 선교사도 하나님으로부터 사랑과 은혜를 확실히 받으셨다. 대성 어린이에게 본인이 직접 아니면 호주에서 파견된 다른 직원이 대성에게 바이올린 연주법을 가르쳤다. 그리고 대성 어린이가 청년이 되었을 때, 직접 의술까지 가르쳐 많은 병자를 고쳐주는 훌륭한 의사가 되게 하였다. 데이비스 원장은 장수하여 92년을 사셨고 1981년 6월 천국으로 가셨다. 데이비스와 같은 은혜를 받았던 이은바 여사도 장수하여 94년을 사시고 1985년 2월 천국으로 가셨다.

외아들 김대성은 1939년 연희전문학교를 졸업한 후 신의주에서 의사 활동을 시작하였으며 신의주 제1교회에서 바이올린을 연주하며 성가대 지휘자로 봉사하였다. 그리고 어릴 때부터 이 교회를 다닌 필자의 어머니인 이정신은 18세에 일본으로 건너가 무사시노(武藏野) 음악대학에서 피아노 전공을 하셨고 1944년 졸업하고 신의주 고향으로 돌아오셨다. 그리고 이정신과 김대성은 서로 자연스럽게 만나 1944년 초에 신의주 제1교회에서 결혼식을 했다. 1945년 8월 한국이 일본으로부터 해방이 되자 김대성 의사는 당시 병원이 없었던 진해로 내려가 의료활동을 열심히 하시던 중 6.25 전쟁 중, 전염병 환자로부터 병을 얻어 아내 이정신 여사는 1952년에, 그리고 본인 김대성은 1953년 3월 6일에 하늘나라로 가셨다.

김대성의 아들, 김인철 역시 외아들이었다. 양부모께서 1년 차이를 두고 돌아가셨기 때문에 잠시 외조부님의 울타리 안에서 자랐으나 이들도 오래 사시지 못하여 다시 이은바 친할머니 밑에서 어린 시절을 보냈다. 그러나 마침 김대성의 친구 박동규 씨의 도움으로 배재학당을 졸업하고 성균관대학교를 졸업하였다. 그 후 하나님의 도우심으로 미국 유학을 했으며 노벨 경제학상 수상자를 가장 많이 배출한 미국 시카고대학교에서 1981년 한국인으로서 처음으로 경제학 박사학위를 받았다.

이 책을 편찬하기 위하여 매크라렌 교수와 데이비스 의사께서 공적으로 활동하신 자료가 필요했으나 100년 전의 활동이라 호주장로회선교부로부터 당시의 역사적 자료를 얻기는 매우 제한적이었다. 그러나 두 분의 사적인 활동 자료는 개인적으로 얻을 수 있다. 데이비스 의사의 경우, 본인 또는 가족이 그 당시 사적인 활동을 보여주는 귀중한 사진을 Inter-Net에 올려놓았기에 큰 도움이 되었다.

이상규 명예교수는 이 책의 제1편을 썼다. 이 교수는 일찍이 호주신학대학에서 신학박사 학위를 받고 부산 고신대학교에서 학생들을 가르쳐 왔다. 이윤재 명예교수는 미국 Northern Illinois 대학교에서 경제학 박사학위를 받고 모교인 숭실대학교에서 평생 학생들을 가르쳐왔다. 이 두 분 교수의 도움이 없었더라면 이 책이 편찬되기는 거의 불가능했다고 본인은 느끼며 이번 기회에 두 분께 크게 감사드린다.

　이 책을 완성하는 마지막 단계에서 뜻밖에 정병준 교수께서 필자에게 큰 도움을 주셨다. 그가 출판한 호주장로회 선교사들의 신학사상과 한국선교, 1889~1942(2007)책과 은혜의 증인들(2009) 책을 읽고 필자는 새로운 사실을 많이 알게 되었다. 그 분께 크게 감사드린다.

주사랑교회, 경영학박사 이 해 원 장로

김인철 박사의 조모 이은바와 그 후손에 대한 책을 출판하게 된 것을 진심으로 축하드린다. 김인철 박사의 믿음은 조모 이은바와 아버지 김대성 의사와 이정신 여사를 거쳐 손자인 김인철 박사에게로 계승된 줄로 확신한다. 이 3대에 걸친 하나님의 은혜에 대한 감사를 불일듯하기 위하여 이 책을 출판하신 줄 안다.

김인철 박사님이 시카고대학에서 경제학 박사를 받고 1982년 귀국하여 학생들을 가르치신 것도 큰 의미는 있지만 한국경제의 성장과 발전에 기여하신것도 적지 않다. 그가 1982년 초에 귀국하여 한국개발연구원(Korea Development Institute)에서 연구할 때, 한국에 돈을 빌려준 외국 대형 은행들이 한국이 외채가 많다고 걱정하며 대출금을 상환케 하거나, 새로 대출을 받는 경우 대출금리를 크게 올리려고 했다. 그러자 김인철 박사는 1982년 후반과 1983년 초 Asian Wall Sreet Journal 지에 2회에 걸쳐 기고하여 한국에 돈을 빌려준 금융기관의 잘못된 생각을 조목조목 지적해 주었다. 한국외채는 중장기 저금리이며 외채 자금이 주로 산업 고도화를 위하여 사용되었으므로 별문제가 없음을 재차 강조 하였다. 그 후 3년 후 한국은 순 채권국이 되었으며 고도의 발전을 한 나라가 되었다.

또한 김인철 박사의 업적은 세계 최고의 권위를 유지하고 있는 몽펠르랭(Mont Pelerin Society : MPS) 경제학회를 2017년 5월에 한국에 유치한 것이다. MPS는 유럽 노벨 경제학자 하이에크(Hayek) 교수가 1947년 자유 민주 시장경제 강화를 위하여 창립한 국제학회이며 그 후 시카고학파의 태두인 밀턴 프리드먼 교수가 MPS 학회를 이끌어가기도 했다. 하이에크 교수는 1974년 노벨경제학상을 받았으며 밀튼 프리드먼 교수는 1976년에 노벨경제학상을 받았다. Gay Becker 교수도 MPS 회장을 역임하셨고 1992년에 노벨경제학상을 받았다. 김인철 교수를 직접 가르친 은사이며 그 인연으로 김인철 교수가 2017년 MPS 학회를 한국에 유치할 수 있었다.

본인, 이해원 장로는 김인철 교수를 본 교단의 신학교 재정 이사로 봉사하게 하고 믿음의 형제로 서로 신앙을 나누며 교류하고 있다. 김인철 교수가 조모 이은바 여사의 신앙의 흔적을 추적한다는 소식을 접하고 호주신학대학에서 신학박사 학위를 받으신 고신대 명예교수 이상규 교수님을 소개해 주었는데 이 교수님을 통해 이은바 조모의 신앙 여정의 여러 자료를 찾게 되었고 이 책을 출판하게 된 것으로 안다.

이 책은 김인철 교수의 마음에 자리한 조모님의 신앙이 어떻게 그 후손들에게 계승되었는지 보여주는 좋은 사례가 될 것이다. 비록 이은바 여사께서 일찍부터 혼자가 되시어 호주 선교사로부터 기독교 신앙을 접하고 은혜를 받아 전도부인으로 살았으며 여러 어려운 여건 가운데서도 아들을 믿음으로 양육하여 의사가 되게 하였고, 손자 김 교수를 학자이며, 교수로, 중앙교회 장로로 세워주셨으니, 김 교수님의 믿음의 가계는 하나님의 은혜가 얼마나 큰 것인가를 보여준다. 이 책은 이런 사실에 대한 진솔한 기록이다. 3대를 이어 주님을 섬겨온 이 신앙 여정이 오늘에 사는 우리에게 교훈과 감동을 주는 것으로 확신한다.

이처럼 아름다운 신앙 여정을 정리하고 출판하신 김인철 교수님에게 축하를 드린다.

2024. 7. 25

제 1부

전도자 이재령 여사의 신앙과 그 유산

필자 이 상 규
(백석대학교 석좌교수)

전도자 이재령 여사의 신앙과 그 유산

이은바. '은혜 받은 사람'이라는 의미이다. 호주 장로교 선교부의 여 선교사들이 지어준 이름이다. 호주 선교부 휘하의 전도부인으로 활동했고 후에는 진주 배돈병원에서 일했던 여성. 그가 이은바였다. 본명은 이재령(李在寧, 1891-1985)이었으나 호주 선교사들을 통해 기독교로 개종했고, 복음 안에서 빛을 찾아 인생 역전을 경험했던 여성이었다.

호주장로교의 한국 선교 관련 문헌을 읽었으나 '이은바'라는 여성에 대해 알지 못했다. 알지 못했다기보다는 관심을 갖지 못했다. 관심이 없으니 그의 흔적에 주의를 기울이지 못한 것이다. 그러던 중 2021년 5월, 평소에 알고 지내던 부산 재건교회 이해원 장로님을 통해 서울의 김인철 교수를 만나게 되었다. 그는 한국경제학계에 널리 알려진 국제금융 분야의 저명한 교수였다. 그는 호주 선교부 휘하에서 전도부인으로 후에는 배돈병원에서 일했던 이은바 여사의 손자였다.

생각해 보니 이은바 여사에 대해서는 이전에도 들은 기억이 있다. 호주의 라례인(H. Lane) 선교사의 아들인 데이비드 레인이 부인과 딸을 데리고 부산을 방문했을 때 필자는 그를 데리고 마산 창신학교 강병도 교장을 만나러 간 일이 있다. 그날이 1990년 6월 2일, 토요일이었다. 그때 부산지방 초기 전도자였던 정덕생 목사의 딸 정도금 권사도 만나게 되었는데, 필자가 소장하고 있던 1926년 6월 8일자 경남여성경학원 제6회 졸업사진을 보여주며 졸업생 면면에 대해 물어 보았다. 그 때 정도금 권사는 사진 앞줄 좌측 여성이 '이은바'라고 하면서 그가 해방 후 재건교회로 갔다고 말해 주었다. 그때는 진지하게 듣지 못했는데, 이제 생각하여 보니 그가 바로 김인철 교수의 조모이신 이재령 여사였다.

이은바 여사는 구약성경 룻기서의 룻처럼 젊은 나이에 남편을 잃고 영혼의 어두운 터널에서 인생의 아픔을 경험했으나 끝까지 믿음으로 살면서 외동 아들 김대성을 교육시켜 저명한 의사가 되게 했고, 그의 손자 김인철은 국제적인 학자가 되게 했다. 무엇보다도 호주선교부로 받은 신앙을 후손들에게 계승하여 신앙의 명문 가정이 되게 한 것이다. 그 배후에 이은바 여사의 기도가 있었고, 그 기도가 이룬 결실이었다.

이 글에서는 제한된 정보이지만 흩어진 기록을 수합하여 이은바 여사가 걸어갔던 삶의 여정을 정리하고 그의 기도와 신앙의 결단이 어떻게 다음 세대로 이어졌는가에 대해 소개하고자 한다.

1. 출생과 결혼

이재령 여사는 1891년 7월 14일 출생했다. 부산에서 출생한 것으로 짐작되지만 분명치 않다. 그의 가계에 대해서는 알지 못하고 단지 부산에 그의 언니가 살았다는 정도만 알려져 있을 뿐이다. 이때는 국내외적으로 혼돈과 변화의 시기였고 비안정적 정국은 경남의 한적한 농촌에까지 영향을 주고 있었다. 이른바 운요호 사건으로 우리나라가 개항한 지 15년이 된 때였고, 한미수호통상조약이 체결되어(1882) 한미관계가 시작된 지 10여 년이 된 때였다. 외국 문물과의 접촉이 가능해지고 1884년에는 미국의 첫 선교사 알렌이 입국했지만 곧 갑신정변(1884), 거문도 사건(1885)으로 나라가 혼란했다. 3살 때는 동학 혁명, 청일전쟁, 갑오개혁으로 조선은 큰 변화의 도상에 있었다. 곧 명성왕후 시해 사건인 을미사변(1895)이 일어나는 등 점증하는 일본의 세력은 곧 을사조약(1907)을 거쳐 헤이그 밀사 사건(1907)을 계기로 고종을 강제 퇴위시키고 1910년에는 조선을 식민지로 만들었다. 이런 정치적으로 혼란한 그리고 변화의 시기에 이재령은 성장했다.

그 시대의 다른 집의 아이들처럼 가사와 농사일을 도우며 청소년기를 보낸 이재령은 24살이 되던 1915년 의령읍의 김홍춘(金弘春, 1888-1917) 청년과 혼인했다. 당시의 관례대로 부모들의 의사에 따라 자신의 집에서 멀지 않는 곳에 살던 남성과 혼인한 것이다. 그도 농사일을 하며 살았으나 한문 서당에 다니며 한문을 터득하였고 천자문(千字文)과 명심보감(明心寶鑑), 동몽선습(童蒙先習), 소학(小學) 등을 배워 한학자로 불리던 남성이었다. 그러나 그것이 생업일 수 없었고 선대를 이어 농업에 종사하고 있었다. 그가 중국 고전을 공부하여 학식과 인품을 겸비한 청년이었으나 결혼생활이 길지 못했다. 남편 김홍춘은 29세가 되던 1917년 3월 10일 세상을 떠났다. 분명한 사인은 알려져 있지 않으나 젊은 나이에 갑작스럽게 세상을 떠난 것으로 보아 심장마비였을 것으로 추측된다. 당시 부인

이재령은 만삭의 임신 중이었다. 이때의 충격은 얼마나 컸을까? 그로부터 불과 1주 정도 지난 후 아들을 출산했다. 아버지의 얼굴을 보지 못하고 유복자로 출생한 것이다. 그래도 장차 큰일을 이루라는 소망을 담아 김대성(金大成, 1917-1953)이라고 불렀다.

남편을 잃은 이재령에게는 외아들을 보호하고 양육해야 하는 큰 책임감 때문에 자신의 처지를 헤아릴 겨를이 없었다. 이재령의 재는 있을 재(在), 령은 편안할 령(寧) 곧 '평안이 있으라' 는 뜻이었으나 부모의 기대와는 달리 그에게는 평안이 없었다. 결혼 생활 2년 만에 남편을 여의고 유복자를 데리고 험한 세월을 헤쳐 가기란 여간 어려운 일이 아니었다.

그녀에게는 소망이 없었다. 인생의 막다른 골목에서 그 누구의 도움도 받을 수 없는 황량한 들판에서 세찬 바람을 막으며 살아가야 했다. 남편이 있어도 어려운 살림인데, 남편도 없이 살아가며 아이를 양육해야 하는 그의 삶의 행로는 험난했다. 한치 앞도 보이지 않는 캄캄한 밤이었다. 이런 상황에서 실의에 빠져 살던 그에게 한 가지 소망의 빛이 비취기 시작했다. 호주 선교사들과의 만남이었다.

2. 호주 장로교 선교사들

그가 출생했던 1891년은 호주장로교 선교사 제2진 5명이 내한한 해였다. 그가 출생한지 3개월이 지난 1891년 10월 12일, 호주선교사 제2진 5명이 부산으로 왔다. 그들이 매카이(J. Mackay) 목사와 그 부인 사라(Sahra), 그리고 3사람의 미혼 여선교사들인 멘지스(Belle Menzies) 페리(Jean Perry) 그리고 퍼셋(Mary Fawcett)이었다.

앞에서 소개한 바처럼 1876년 개항일 이래 1882년에는 미국교회의 외교 관계를 수립하여 외국인들의 내한이 가능하게 되자 1884년 미국북장로교 선교사 알렌이 내한하였고 이듬해 4월에는 미국 북장로교의 호레이스 언더우드와 북감리회의 아펜젤러가 입국하게 되는데 이를 시작으로 여러 외국 선교사들이 내한하게 된다.

조셉 헨리 데이비스 목사
1856. 8. 22 – 1890. 4. 5
덕배시(德倍時) 목사
한국 1889 – 1890

메리 타보르 데이비스
1853. 6. 28 – 1941. 5. 25
한국 1889 – 1890

미국북장로교(PCUSA)에 이어 두 번째로 한국에 선교사를 파송한 선교단체가 호주장로교(PCV) 선교부였다. 호주 장로교회는 알렌이 내한한지 5년이 지난 1889년 첫선교사 조셉 헨리 데이비스(Rev J. H. Davies, 1856–1890)와 그의 누이 메리 데이비스(Miss T. Mary)를 한국에 파송하게 된다. 1889년 8월 21일 멜버른을 떠난 이들은 1889년 10월 2일 부산항으로 입항하였고, 10월 4일에는 제물포를 거쳐 서울로 가 약 5개월간 체류하며 '조선말'을 공부했다.

1890년 3월 14일, 데이비스 목사는 누이를 서울에 남겨두고 한국인의 도움을 받으며 서울을 떠나 부산으로 향하는 장도에 오르게 된다. 남이 세운 터 위에서 일하지 않고 경남 지방 특히 조선 제2의 도시 부산에서의 선교 사역을 꿈꾸며 답사여행을 겸해 부산으로 향한 것이다. 어학 선생과 하인, 그리고 매서할 문서와 약간의 약품을 준비하여 서울을 떠난 데이비스는 수원, 과천 등 경기도 지방과 공주 등 충청도 지방을 거쳐 경상도 지방까지 300마일에 이르는 약 20일 간의 답사여행을 마치고 4월 4일(금) 목적지인 부산에 도착했다. 그러나 그는 천연두에 감염되었고, 곧 폐렴이 겹쳐 부산 도착 다음 날인 4월 5일 34세의 나이로 하나님의 부르심을 받는다. 조선 땅을 밟은 지 6개월, 좀 더 정확하게 말하면 183일 만이었다. 당시 부산에 체재하던 캐나다 선교사 게일(James Gale)은 데이비스의 시신을 부산항이 굽어보이는 부산 동광동 뒷산인 복병산(伏兵山)에 매장했다. 이 때의 상황에 대해서는 서울에 남아 있는 메리에게 쓴 게일의 편지가 남아 있는데, 이 편지에서 게일은 데이비스의 사망 전후 사정을 자세하게 기록하고 있다.

서울에 남아 있던 그의 누나 메리도 폐렴으로 얼마간 고생했으나 서울에 있던 헤론 의사(Dr Heron)의 치료로 회복한 다음 한국을 떠나 그해 7월 18일 멜버른으로 돌아감으로써 호주 빅토리아 장로교회의 한국선교는 끝나는 것처럼 보였다. 그러나 데이비스의 죽음은 호주 교회의 한국선교를 시작하는 동기가 된다.

예기치 못한 데이비스 목사의 죽음은 호주교회 큰 충격을 주었고, 호주에서 선교운동을 진작시키는 계기가 되었다. 선교에 대한 관심과 함께 창립된 여전도회연합회(PWMU)는 데이비스를 파송했던 청년연합회(YFU)와 함께 양대 선교사 파송 기구로 발전했고, 1891

년 10월 12일에는 제2진 선교사 5명, 곧 매카이 목사 부부와 멘지스, 진 페리, 메리 퍼셋 등 3 미혼 여선교사들을 한국으로 파송하게 된다. 이재령이 태어난지 3개월이 지난 때였다. 내한한 매카이 목사 부부는 초량에서, 여 선교사들은 부산진에 정주하면서 한국선교를 이어 갔는데, 곧 무어(Miss E. S. Moore, 1892. 8), 아담슨 목사 부부(Rev Andrew Adamson, 1894), 브라운(Miss A. Brown), 엥겔(Rev G. Engel, 1900), 거열휴 의사(Dr Hugh Currell) 등 후속 선교사가 파송되었다. 그래서 해방 전까지 78명의 호주 출신 선교사가 내한하여 부산과 경남지방에서 활동하게 된다.

그런데, 호주장로교 선교부는 처음에는 부산진과 초량, 곧 부산지부(1891) 중심으로 일했으나 후속 선교사들이 내한하게 되자 1905년에는 진주지부를 개척했고, 1911년에는 마산지부가 설치되었다. 호주장로교회는 한국이 유력한 선교지로 보아 한국선교운동을 발전적으로 고취하기 위해 '전진정책'(forward movement)을 수립하게 되는데, 그 결과로 더 많은 선교사들이 내한하게 되자 1913년에는 통영과, 거창에 선교지부를 설치하게 된다. 그래서 호주 선교부는 부산 진주 마산 거창과 통영 등 5개 지부를 중심으로 경남지역 전역에서 사역하게 된 것이다.

호주 선교부는 5개 지역 외에도 소수의 인력이 평양과 서울에서도 활동했는데, 평양의 예수교장로회신학교, 곧 평양신학교에서 가르친 이가 엥겔 곧 왕길지(Rev Gelson Engel) 목사였고, 서울의 세브란스에서 일한 의료선교사가 마라연, 곧 매크라렌(Dr Charles McLaren) 의사였다. 그는 한국에서의 유일한 신경정신과 의사였다. 그는 매년 3개월씩 세브란스에서 가르친 바 있으나 1923년부터 1938년까지 세브란스병원과 의전(醫專)에서 신경정신과 교실을 열고 진료와 교육을 담당했다.

3. 진주지부의 설치

호주장로교 선교부는 부산에 이어 1905년 진주에 선교지부를 설치하고 선교사들이 상주하며 선교사업을 시작했는데, 이것이 이재령이 호주 선교사를 만나고 기독교 신앙을 받아들인 배경이 된다. 당시 진주는 1925년 이전까지는 경상남도 지방 도청소재지로서 경남지방의 선교의 중요한 거점이었다. 부산에서 80마일 떨어진 이곳은 도청소재지라는 점 외에도 남도(南道) 제일의 양반고을이라는 긍지와 자부심이 강한 곳이었다. 사회 신분상의 계급의식 또한 강했고 외래적인 것에 대해서도 매우 배타적인 곳이었다. 그런데 이곳에서도 선교사역이 필요하다고 보아 부산에 거주하던 커를 의사(Dr Hugh Currell)가 진주로 이동함으로 이 지방 선교사업이 시작되었다.

1902년 내한했던 커를 의사 부부는 그 동안 부산에서 의료 활동을 전개했으나 부산에는 일본인 병원과 미국 북장로교회가 운영하는 병원, 곧 전킨기념병원이 있었으나 진주에는 이런 근대식 병원이 없으므로 진주로 이동을 결행하게 된 것이다. 이렇게 볼 때 호주장로교 선교부가 1905년 진주지부를 열게 된 것은 전적으로 커를 의사의 주도적인 노력의 결과였다.

커를이 부산을 떠나 진주에 도착한 날은 1905년 10월 20일이었다. 이때 동행했던 한국인 조수가 박성애(朴晟愛, 1877-1961)였는데, 그는 후일 진주지방 첫 한국인 목사가 되었고, 진주교회 첫 한국인 목사가 된다. 커를 의사는 진주 성내면 4동(북안문)에 있는 초가집을 임시거주지로 얻었는데, 이곳에 곧 시약소(dispensary)를 설치했다. 이 작은 시작이 후일 배돈병원으로 발전했다. 커를 부인은 자신의 집 정원에서 작은 여학교를 시작하였고(1906), 또 이어서 남자를 위한 초등학교 교육을 시작하였는데, 이 학교가 후일 시원(柴園)여학교와 광림(光林)학교로 발전했다. 호주 장로교는 특히 여성교육을 위해 1907년 2월 말 교육선교사로 쇼울즈(柴교장, Miss N. R. Scholes, 1907-1919)를 파송하였고, 지역 순회와 전도를 위해 부산에서 일하던 켈리(후에 매견시 부인이 된다. Miss Mary J. Kelly, 1907-1911)를 진주로 보냈다. 또 남자학교 운영을 위해 1909년에는 리알 목사(라대벽, Rev D. M. Lyall, 1909-1916) 부부가 진주로 파송되었다. 또 전도사역과 지역교회 관리를 위해 1910년에는 클라크(가불란서, Miss F. L. Clerke, 1910-1920)와 매크레(맹호은, Rev F. J. L. Macrae, 1910-1913) 목사가 보강되었다.

1911년에는 켐벨(감민의, Miss A. M. Campbell, 1911-1922)과 매크라렌 의사(마라연, Dr McLaren, 1911-1923, 1939-1942) 부부가 파송되었다. 그 외에도 켈리(길아각, Rev. J. T. Kelly, 1912-1913), 데이비스(대마가례, Miss M. Davies, 1913-1915), 그리고 레잉(양요한, Miss C. Laing, 1913-1932), 커닝햄(권임함, Rev. F. W. Cunningham, 1913-1927, 1929-1940), 알렌(안란애, Rev. A. Allen, 1913-1925), 에베리(이리사백, Miss E. Ebery, 1918-1919), 데이비스 의사(대지안, Dr J. Davies, 1918-1941)가 진주로

파송되었다.

　이런 과정에서 후일 진주지방 호주선교부의 거점이 된 봉래동 지역 일대에 선교사주택, 시원여학교, 배돈병원, 진주교회 등이 설립된다. 당시는 논과 밭이 있는 한적한 주변이었으나 지금은 상가와 고층아파트가 서 있고 진주교회만이 봉래동 구 선교지(Mission compound)에 위치하고 있다.

　1920년 이후 진주지부에서 일한 선교사로는 나피어(남성진, Miss G. Napier, 1920-1935), 테일러 의사(위대인, Dr. W. Taylor, 1921-1938), 에디 커(거이득, Miss E. Kerr, 1921-24, 1927-28), 알버트 라이트(예원배, Rev. A. Wright, 1924-1928), 엘리스 니븐(예원배 부인, Miss A. G. Niven, 1924-1927), 츄르딩거(추마전, Rev. M. Trudinger, 1925-1928), 딕슨(덕순이, Miss E. Dixon, 1925-36, 37-38), 볼란드 목사(부오란, Rev. F. Borland, 1929-32, 35-39), 멕코기(맥계익, Miss J. McCauge, 1930-1940), 엔더슨 목사(안다손, Rev. G. Anderson, 1933-35), 코트렐 목사(고도열, Rev. A. Cottrell, 1933-35), 에드거(엽덕애, Miss E. Edger, 1934-41), 스타키 목사(서덕기, Rev. J. Stuckey, 1935-40), 던(전은혜, Miss E. Dunn, 1936-37), 그리고 아우만(오위다, Miss V. Aumann, 1939-41) 등이 진주지부에서 활동했다. 즉 진주지부에는 30명의 선교사가 일했는데, 해방 전에 한국에 파송된 78명중 40%에 해당했다. 진주지부는 부산에 이어 호주선교부의 가장 주요한 선교거점이었음을 알 수 있다.

　호주 장로교 진주지부가 관할했던 지역은 진주를 비롯하여 사천,

곤양, 하동, 남해, 삼가, 산청, 의령 등지였다. 이런 연유로 이재령은 남편을 잃고 실의의 나날을 보내 던 중 호주선교사와 접촉하게 되고 기독교 신앙 안에서 진정한 평안을 누리게 된다.

4. 호주선교사들과의 접촉

앞에서 호주선교사들이 진주를 거점으로 인근 지역을 순회하며 한국인들과 접촉하며 전도하기 시작했는데, 의령에 거주하던 이재령이 어떤 경로로 어느 선교사를 통해 기독교로 개종하게 되었는가를 정확하게 판단할 수 없으나 그가 남편과 사별한 때가 1917년이었음으로 그가 선교사와 접촉한 시기는 1917년에서 1920년경으로 추정된다. 배돈병원을 설립하고 이 병원 원장으로 일했던 커를 의사는 1915년 한국을 떠났기 때문에 이재령은 커를과는 접촉하지 못했으나 그 후임인 마라연 의사(Dr McLaren) 부부, 대지안 의사(Dr. J. Davies), 권임함 목사(Rev. F. W. Cunningham)와 안란애 목사(Rev. A. Allen), 그리고 미혼 여선교사들인 가불란서(Miss F. L. Clerke), 감민의(Miss A. M. Campbell), 양요안(Miss C. Laing), 이리사백(Miss E. Ebery, 1918-1919) 등과는 접촉했던 것으로 보이는데, 이들 선교사와 접촉을 통해 이재령은 한 줄기 소망의 빛을 찾게 되었고 험한 세월의 격류를 헤치며 살아갈 수 있는 힘을 얻게 되었다.

의령 지방에서 기독교는 경상남도의 다른 지방과 마찬가지로 낯선 종교였다. 유가적(儒家的) 성향이 짙은 의령에서 기독교 신앙을 받아들이는 일은 쉬운 일이 아니었다. 그러나 호주 선교사들의 순회 전도를 통해 이곳에도 복음의 씨가 뿌려졌고, 1905년에는 의령군

봉수면 서암리에 이 지방 첫 교회인 서암교회가 설립된다. 이를 시작으로 기독교 복음은 주변으로 확산되어 여러 교회가 설립되지만, 이재령에게는 기독교에 대한 관심이 없었다. 그러나 남편과 사별하고 고난의 문턱에서 기독교를 받아들인 것이다. 분명하게 알 수 없으나 양요안, 곧 레잉 선교사의 영향을 받았을 가능성이 매우 높고 그의 안내를 따라 가장 인접한 의령읍교회에 출석했을 것으로 보인다. 양요안 선교사는 의령지방을 순회했던 탁월한 순회전도자였고 아마도 이재령은 그를 통해 기독교로 입신했을 가능성이 높다.

5. 기독교 신앙에 굳게 서다

젊은 나이에 남편을 잃고 유복자를 양육하며 살아가야 하는 이재령에게 있어서 기독교 신앙은 새로운 희망이자 소망이었다. 그는 신앙생활에 정진했고, 기독교 신앙이 무엇인가를 하나씩 터득하기 시작했다. 처음에는 받아들이기 어려운 점이 없지 않았으나 호주 여선교사들의 사랑과 애정은 큰 격려가 되었다. 신앙의 힘이 무엇이기에 먼 이국땅에 와서 자기희생적 삶을 산다는 것인가? 무엇보다도 결혼도 하지 않고 여러 불편을 감내하면서 서부 경남지방의 산길을 걸어 다니며 상한 삼령을 안고 씨름하는 이들을 상대하며 위로하고 격려해준단 말인가? 이런 인간적인 애정과 사랑이 이재령에게는 기독교 신앙을 적극적으로 받아들이게 하는 요인이었다. 본인 스스로도 성경을 읽고 묵상했지만 선교사들을 통해서 성경을 배우며 기독교 신앙의 깊은 곳으로 나아가며 그의 삶도 변화되기 시작했다.

그러나 기독교 신앙을 받아들인 일은 그의 생애에 커다란 위기이

기도 했다. 남편을 잃은 과부가 기독교 신앙을 받아들이자 전통적인 유교적 환경에서 용납할 수 없는 일이었다. 시집과 친정으로부터 말로 할 수 없는 비난과 공격을 받게 되었고 신앙을 포기하도록 종용했다. 그러나 이재령은 물러서지 않았다. 일단 쟁기를 잡은 그는 뒤를 돌아보지 않았다. 예수 그리스도 안에서 다른 어떤 것으로 비교할 수 없는 희망을 보았기 때문이다.

이때 쯤 심각한 사건이 발생했다. 남편은 한학자로서 가문의 족보를 관리하고 있었다. 한궤짝에 가득한 족보는 김씨 가문의 보물과 같은 것이었다. 그러나 예수를 믿고 보니 이런 것은 인간의 유전을 따른 것이라는 생각이 들어 의논도 없이 이를 불태운 것이다. 이것은 조상을 무시하고 멸시하는 것이며 가문의 영예를 더럽힌 것으로 간주 되었다. 이 일은 큰 풍파를 일으켰고 용서 받을 수 없는 일이었다. 결과는 예상된 것이었다. 이재령은 아들과 함께 가문에서 쫓겨났다. 심지어는 가족으로 인정해 주지 않았다. 이제는 세상의 인간관계나 인연에 연연할 수 없었다. 이것이 아들 대성을 데리고 진주로 이동하게 되는 계기가 된다.

호주 선교사들은 이재령에게는 소중한 안내자들이었다. 특히 진주지부의 지도적 인물인 마라연 의사 부부, 데이비스로 불린 대지안 의사, 권임한 목사 부부는 이재령을 소중하게 여기고 보호해 주었다. 그를, "여호와의 날개 아래 보호받으러 온 여성"(룻2:12)으로 여기고 선대해 주었다. 이재령은 하나님의 천지창조와 인간의 타락, 타락한 인간을 구원하기 위한 예수 그리스도의 대속적 죽음을 알게 되었고, 예수 그리스도에 대한 온전한 신뢰와 천국에 대한 소망을 갖게 되었다. 이제 그는 더 이상 슬퍼할 이유가 없었고, 좌절하거나 절망할 이유가 없었다. 예수 그리스도는 자신의 길을 비춰주는 빛이었다. 이제 그는 확신을 갖게 되었고, 주님을 위해 살아야겠다는 결의를 다지게 되었다.

이 시기에도 이재령과 가까이 지낸 인물은 아마도 양요안 선교사였을 것이다. 1913년 내한한 이래로 1932년 은퇴할 때까지 진주지부에서 활동하며 의령지역을 포함한 진주지부 관할 지역을 순회했던 탁월한 순회전도자였다. 다른 대부분의 동료 선교사들이 멜버른 출신인 반면 그는 퀸즈랜드 출신으로 전도부인들(Bible women)과 함께 지역교회를 순회하면서 전도와 교육을 실시한 선교사이기 때문이다. 양요안은 늘 웃음을 읽지 않는 인정스런 여성으로 한국인들의 정서에 공감하고 다정함을 보여 주었다. 또 그는 복음에 대한 열정이 있었으므로 한국인들로부터 따뜻한 사랑을 받기도 했다.

호주선교사들은 이재령이야말로 복음 전도자로 일할 수 있는 적절한 인물이라고 판단하게 되었다. 그래서 그에게 한 가지 제안을 하게 된다. 바로 진주여자성경학원에 입학하여 체계적으로 성경과 기독교 신앙을 배우도록 권장한 것이다. 이런 요구는 향후 그를 전도인으로 일하게 하려는 의도였다. 이재령은 호주선교부 진주지부의 의도를 알지 못했지만 수용하기로 했다. 무엇보다도 성경을 체계적으로 공부하고 배우는 일은 그가 원했던 일이었기 때문이다.

6. 경남 여성경학원에서의 수학

호주장로교 선교부는 각 선교 지부 마다 유치원을 설립하고, 또 초등학교 과정의 학교를 설립하기도 했다. 그리고 중등학교 과정을 두기도 했으나 대학 설립은 생각하지 못했다. 그 대신 평양의 숭실이나 서울의 연희전문학교에 수학하는 학생들을 지원하는 것으로 만족해야 했다. 그것은 재정적인 이유도 있었지만 부산경남 지방에서 대학교육이 시급하다고 인식하지 못했기 때문이다. 그 대신 성경을 알고자 하고 더 깊이 연구하고자 하는 이들을 위해 성경학교를 설립했다. 이는 지역교회가 요구하는 교회 지도자들을 교육하기 위한 의도였다. 남자들의 경우 경남성경학교를 거쳐 평양신학교로 진학하는 경우가 많았음으로 호주선교부의 성경학교는 중간 교육적 기능을 수행했다고 할 수 있다.

호주 선교부는 1911년 1월 회집한 선교위원회에서 선교 지부별로 성경학교 설립이 바람직하다고 결정했으나 그렇게 실행되지는 못했다. 그러다가 1913년 교회가 필요한 전도사를 양성하려는 의도로 진주에서 (남자) 성경학원(교)를 개교하였다.

이와 동시에 여성들을 위한 성경학교 곧 부인성경학교(Womem's Bible School)도 1913년 5월과 6월 진주에서 개최되었다. 첫 입학생은 15명이었다. 이것이 경남여성경학원의 시작이었다. 교사는 니븐, 왕길지, 그리고 켈리, 곧 매견시 선교사의 부인이었다. 그해에 부산진에서도 여자성경학교가 열렸다. 남자성경학교는 후에 부산진에서 시행되다가 마산으로 이전하려 했으나 결국 진주로 결정되어 진주 광림학교 건물에서 교육을 실시했다. 이 학교가 후일 경남 지방의 여러 지자들을 배출했다. 주기철, 최상림 목사는 이 학교에서 가르쳤고 손양원, 이현속, 황철도, 조용학 등은 이 학교에서 수학한 대표적인 인물이다.

　여자성경학교의 경우 일 년에 한두 달 모여 공부하는 등 단기강좌로 시작되었고 1917년 6월 27일 수요일 저녁에는 5년간의 단기 과정을 이수한 5명의 부인들이 부산진교회당에서 제1회로 졸업했다. 이중 3 사람은 진주 출신이었다. 당시 강사로는 왕길지 선교사 부인, 마라연 부인, 스콜스(자교장), 알렉산더(안진주), 클라크(가불란서), 그리고 레잉(양요안) 등이었다. 이날은 마침 양일간 모이는 제3회 경남노회가 마치는 날이었다. 졸업식은 부산진교회 심취명 목사의 사회로, 마산문창교회 한석진 목사가 누가복음 10장 38-42절을 본문으로 설교하고, 왕길지 선교사가 수료증을 수여하였다. 권임함 선교사는 졸업생들을 권면하였고, 정덕생 목사가 헌신의 기도를 드렸다.

　1919년에는 기미만세운동으로 성경학원이 개강하지 못하는 등 우여곡절이 없지 않았으나 여자성경학원도 진주에 자리 잡았고, 1930년 당시 재학생은 44명에 달했다. 1936년까지 여자성경학원 졸업생은 79명에 달했고, 평균 연령은 25세였다. 이 학교는 1930년대까지 계속 유지되다가 1940년 일제의 탄압 하에서 학교 문을 닫게 된다. 처음에는 선교사들이 중심이 되어 교육했으나 후에는 한국인도 교수에 참여했는데 대표적인 인물이 최덕지 여사였다.

　앞에서 설명한 바와 같이 이은바는 선교사들의 신임을 받고 성경학교에 입학하여 공부하라는 권면에 따라 1921년 경남여성경학원에 입학했다. 당시는 5년제인데, 전일제 수업이 아니라 봄과 가을에 단기로 모여 공부하는 과정이었다. 이은바는 소정의 과정을 이수하고 1926년 6월 8일 제6회로 졸업했다. 35세 때였고 외아들 김대성 군이 9살 때였다. 졸업생은 10명이었다(사진 참고). 앞줄 좌측

경남여자성경학원 제6회 졸업기념.
앞줄 좌측이 이은바 여사

진주 배돈병원과 부속건물(1913 – 1941)

의 이재령 옆의 여성은 고성애(高聖愛) 여사로서 부산진교회 김경석 원로장로의 모친이다. 그의 남편은 호주선교부의 부산지부가 관장하던 상애원에서 총무로 일했다. 둘째 줄 좌에서 세 번째는 염애나(廉愛拿, 1910-1958) 전도사인데 후일 평양여자신학교에서 수학하고 신사참배 반대운동을 전개하고 투옥된 바 있고 해방 후에는 재건 창원교회에서 목사로 봉사했다. 여자성경학원의 중요 교과는 성경 과목들이었고, 교리와 역사, 예배, 교육, 상담 등에 대한 교과로 꾸며져 있었다.

이 당시 교사는 매견시 선교사의 부인인 켈리 매켄지를 비롯하여 권임한 선교사의 부인 트레이쉬맨(Treischman), 안진주(M. Alexander) 선교사, 그리고 가불란서(F. L. Clerke), 서오성(S. M. Scott) 선교사 등이었다. 이제 성경학교를 졸업하고 전도인으로서의 공식적인 자격을 갖춘 이재령 여사에게는 새로운 과제가 기다리고 있었다.

7. 전도부인으로 활동

성경학원을 졸업하게 되자 호주 선교부는 이재령 여사에게 전도부인(Bible Woman)으로 일하도록 요청했다. 한국인들은 호주 선교회를 '미순회'라고 불렀는데 미순회 소속 전도부인으로 일하도록 요청한 것이다. 호주선교부 휘하에는 한국인 총무 혹은 서기와 같은 직접적으로 선교부 직원(staff)으로 일하는 경우가 있었고, 선교부 휘하 미순회 소속으로 전도인으로 일하는 경우가 있었다. 이럴 경우 선교부는 일정의 봉급을 지급했다. 전도부인의 경우, 선교사들과 동행하며 지역을 순회하거나 지역교회를 순방하고 초신자

전도부인 이은바여사(우)

들을 위로하고 격려하거나 상담해 주고 신앙생활에 정진하도록 도와주는 역할을 감당했다. 그래서 전도부인은 여전도인, 여조사(助事), 혹은 부인전도사 등으로도 불리기도 했다. 이런 제도는 비단 호주장로교 선교부만의 제도가 아니었다. 한국에서 일한 모든 선교부가 이런 전도인 혹은 전도부인을 두고 있었다. 한국의 언어나 문화에 익숙치 못한 외국인이 직접 한국 여성들을 만나 복음을 전하는 것은 쉽지 않았기에 전도부인들과 동행했고, 전도부인들은 선교사들의 조력자 역할을 하며 안방의 여성들을 찾아다니며 성경, 찬송가를 팔고 한글을 가르쳐주며 기독교복음을 전했던 권서인(勸書人) 혹은 복음 전도자 역할을 한 것이다.

기록으로 남아 있는 호주 장로교 부산지부의 첫 전도부인은 백차영과 전유실이었는데 이들은 부산선교부의 무어(E. S. Moore)와 브라운(A. Brown) 선교사를 대동하고 부산진을 떠나 기장, 언양, 양산 울주 울산 지방을 순회한 바 있다. 그런데 이재령 여사 또한 호주장로교 선교부 진주지방의 전도부인이 된 것이다. 1926년 이전에도 전도부인으로 일한 것으로 보이지만 1926년 성경학교 졸업 이후에는 자격을 갖춘 전도부인으로 진주선교부 지역, 곧 자신이 살아 온 의령군 지역을 비롯하여 인근의 합천, 진주, 고성 등지를 순회했다.

전도부인에게는 일정한 생활비가 지급되었는데 1917년 당시 전도부인의 봉급은 월 8엔, 년 10파운드라는 기록이 있지만, 1920년 당시 전도부인의 봉급은 월 20엔이었다. 이전보다 증액된 것이었는데, 성경학교에서 수학한 이들에게는 1엔을 더 추가했고, 자녀수당도 있었는데 16세 미만의 아이를 가진 전도부인에게는 한 아이 당 3

엔을 주기로 되어 있었다(*Chronicles*, 1920. 5. 1, 8쪽). 이렇게 볼 때 이재령은 성경학교에서 수학했고 아들 하나를 두고 있었음으로 월 24엔을 수령했음을 알 수 있다. 그런데 이재령 여사가 전도부인으로 일한 기간을 정확하게 알 수는 없으나 1938년 당시 진주 배돈병원에서 일하게 되는 것으로 보아 약 10여 년 간 일 한 것으로 보인다. 비록 그는 전도부인으로서의 활동은 그만두었으나 호주장로교 선교부와는 끈끈한 인연으로 선교부 휘하에서 일하게 된다.

8. 진주 배돈병원에서

10여 년간 전도부인으로 활동했던 이재령 여사는 진주 배돈병원으로 이동하게 된다. 이미 진주지방서 전도부인으로 활동했고, 진주에서 살았기 때문에 배돈병원이 낯설지 않았다. 병원에도 여러 차례 들린 적이 있었고 아들 대성을 배돈병원에서 출산했을 수도 있다. 이런 저런 이유로 진주지부 선교사들과도 친숙한 사이였다. 이런 상황에서 권임한 선교사는 이재령에게 배돈병원에서 일해 주도록 요청한 것이다.

앞에서 지적했지만 배돈 병원은 진주지방 첫 호주 선교사이자 진주지부를 개척한 커를 의사에 의해 시작되었다. 그는 부산에서 활동하던 중 병원이 없는 진주로 가서 일하기로 작정하고 1905년 10월 18일 부산을 떠나 마산까지는 기차로, 마산에서는 가마꾼의 도움을 받아 진주로 향해 10월 20일 저녁 9시 30분경 진주에 도착했다. 이날은 음력으로는 9월 22일이었다. 자동차나 다른 이동 수단이 없던 당시로는 먼 여정이었다. 당시 진주지방 인구는 약 4만 명으로 추산되는데, 의료기관이 전무한 상태였다. 그래서 진주에서

의료 사역을 시작하려고 한 것이다. 이때 커를 의사와 동행했던 한
국인이 박성애 가족이었는데, 부인 박순복, 모친 양주련, 그리고 남
동생 박자룡과 두 여동생 박은실과 박보렴 등 6인이었다. 박성애는
후일 목사가 되고 진주교회 첫 한국인 목사가 된다.

진주에 도착한 커를 일행은 진주 성내면 4동(북문안, 현재의 중앙
광장 인근)에 있는 정경칠씨 소유 초가집을 임시 거주지로 얻었고,
이곳에서 이 지방 복음화를 위한 전도, 의료, 교육사업을 시작하였
는데 이것이 호주장로교 선교부의 진주지부 개척이자 진주지방에
서의 기독교운동의 시작이 된다. 커를 의사 일행은 이곳 집 방 한
칸을 성경 보급소로 정하고 성경을 보급하기 시작했는데, 그 결과
진주지방에서의 첫 교회인 진주교회가 설립되었고, 또 최초의 근대
학교인 사립안동학교(후에 광림학교로 개칭된다)와 여성을 위한 정
숙학교(후에 시원여학교로 개칭된다)를 설립하게 된다.

처음부터 시약(施藥) 및 의료활동을 시작했지만 병원 설립을 의도
하여 커를 의사는 1907년 12월 병원 설립에 대한 구체적인 계획을
수립하여 본국 교회 해외선교부로 보냈다. 이렇게 시작된 의료 활
동으로 현재의 진주교회 뒤편 삼전 아파트 자리에 임시 진료소를
설치하였는데, 이것이 진주지방에서의 병원 설립의 시작이 된다.
1909년 커를 의사는 안식년을 맞아 호주로 돌아갔는데, 그때 기왕
의 친구였던 건축가 캠프가 작성한 병원 설립안을 해외선교부에 제
출하였다. 이런 노력의 결과로 1910년 10월 병원 건축을 시작하였
고, 1913년 11월에는 50개 병상을 갖춘 병원을 설립하게 된다. 이
병원이 배돈병원(培敦)이었다. '배돈'이라는 말은 호주가 파송한
바누아투(Vanuatu) 선교사였던 페이튼 부인(Mrs Paton)의 이름

1939년 중반 배돈병원 직원 일동

을 적당히 취음한 것이다. 존경 받던 페이튼 선교사 부인이 1905년 5월 사망하자 그를 기념하기 위해 장로교여전도회연합회는 기금을 모금하여 진주로 보냈고 이 뜻을 따라 병원 이름을 페이튼여사기념병원(Mrs Paton Memorial Hospital)으로 명명한 것이다. 이 병원을 한국이름으로 '배돈병원' 으로 부르게 된 것이다. 이 병원이 호주장로교선교부의 유일한 병원이자 경남지방 최초의 선교병원이 되었다.

병원 개원이 준비되고 있을 때인 1910년 3월 간호사인 가불란서가 진주로 와 커를을 도왔고, 1929년까지 간호부장으로 일했다. 그 뒤를 이어 내피어(G. Napier, 1929-1934), 에드가(Elsie Edgar, 1934-1941)가 봉사했다. 1911년 10월 30일에는 의사 매크라렌(Dr. C. I. McLaren, 馬羅連)이 내한하여 배돈병원 의료진으로 가담했다. 그는 당시 한국에서 유일한 신경정신과 의사였는데, 1911년부터 1923년, 그리고 1939-1941년은 진주 배돈병원에서, 1923-1938년까지는 서울 세브란스병원과 의전에서 교수로 봉사하였다. 1918년에는 여의사 데이비스(Dr. E. J. Davies, 代至安)가 내한하여 배돈병원에서 진료를 시작했다.

설립자인 커를 의사가 이 병원 초대 원장이었고 이어서 마라연(1915-1923), 테일러(1923-1938), 데이비스(1938-1941)가 병원 책임자로 일하고 있었다. 이재령 여사가 이 병원에 갔을 때는 병원이 설립된 지 25여 년이 지난 때였고, 병원 직원은 원장 데이비스와 한국인 의사, 원목 서덕기 선교사와 이현속 전도사, 약제사, 관리인 등을 포함하여 40여 명(?)에 달했다. 왕대선이라는 한국 이름의 테일러 의사는 마라연의 부재 기간 중 대리원장으로 일했으나 1938

년 8월 일본 요꼬하마에서 급서했다.

그래서 이재령 여사가 병원 직원으로 부임했을 당시 원장은 대지안 의사였고, 얼마 후 서울 세브란스에서 일하던 마라연 의사가 배돈병원으로 돌아왔다. 한국인 의사로는 내과학을 전공한 이봉은(李奉恩, 1916-2005), 안과 이주섭, 외과 김준기 의사가 일하고 있었다. 이봉은은 세브란스 출신으로 마라연의 요청으로 배돈병원에서 일했다. 김준기 또한 세브란스 출신으로 1937년부터 배돈병원에서 일하고 있었다. 이 때 원목으로 일한 이가 서덕기(Jim Sturkey) 선교사였고 그 휘하의 전도사가 후일 순교자가 되는 이현속(李鉉續, 1900-1945) 전도사였다. 경남 함안군 산인면 부봉리 출신인 그는 1925년 1월 부봉교회 장로가 되었고, 이듬해에는 진주성경학원에서 1년간 수학했다. 그후 영산교회, 진주 문산교회, 하동읍교회, 산청군 덕산교회, 산청군 생초면의 어서리교회에서 일하던 중 1939년 4월 5일, 경남성경학교 수학 시부터 알고 있던 권임한 선교사의 호의로 진주 배돈병원 서기 겸 전도사로 부임하게 된다. 이런 상황에서 이재령은 마라연과 대지안 의사 휘하에서 의학 지식을 습득하게 된다. 이런 관계에서 대성은 후일 세브란스에서 수학하고 의사가 된다.

이 무렵 호주 선교사들은 이재령을 더 이상 '재령'으로 부르지 않고 새로운 이름을 선물했다. 심령이 변화된 그에게 합당한 새로운 이름을 선사한 것이다. 그것이 '은바'였다. 은혜 받을 사람이라는 의미였다. 이제 그는 '이은바'라는 이름으로 새로운 인생을 시작했다. 비록 호적상 개명한 것은 아니지만 선교사들은 그를 '은바'라는 애칭으로 불렀다. 그 이름처럼 이재령 역사의 그 이후의 생애는 은혜 받은 삶이었고, 그 은혜는 아들 김대성과 손자 김인철에게로 이어졌다. 여기서 그의 아들 김대성 군의 성장과 학교 교육에 대해 소개하고자 한다.

9. 아들 김대성의 성장과 수학

앞에서 기술한 바처럼 김홍춘과 이재령 부부의 유복자로 태어난 김대성은 편모슬하에서 성장했으나 건실한 청소년기를 보낸다. 그것은 전적으로 신앙의 힘이었다. 사춘기에 내적인 고뇌가 없지 않았겠지만 어머니와 호주 선교사들의 따뜻한 보호가 마음의 위안이 되었을 것이다. 어머니가 전도부인으로 그리고 진주 배돈병원 직원으로 일하게 됨에 따라 진주에서 성장한 김대성은 진주 광림학교에서 수학하게 된다. 호주 선교사들의 배려였다.

광림학교는 진주지부의 호주 선교사 커를 의사에 의해 1906년 설립되는데, 첫 입학생은 21명이었다. 처음 이름은 안동 남학교였고 학감은 박성애, 교사는 안헌(安憲, 1886-1946)이었다. 안헌은 후일 안확(安廓)으로 개명하는데, 독립운동에 관여하고, 문명개화론을 주창했던 국문학자이기도 했다. 남자학교가 설립된 지 4개월 후인 그해 8월에는 커를 선교사 부인 에셀 커를의 주도로 여자학교가 설립되는데 사립 정숙여학교라고 불렸다. 교사는 박성애 조사의 부인인 박순복(朴順福, 1888-1942)이었다. 이 학교가 진주지방 최초의 여성들을 위한 근대학교였다. 이렇게 설립된 안동 남학교와 정숙 학교는 1909년 2월에는 하나의 학교로 통합되는데, 이 학교가 사립 광림학교이었다. 각종학교로 인가를 받으려는 준비였다. 비록 학교는 통합하였으나 처음에는 남자부와 여자부로 나누어 수업했는데, 학급은 심상과(尋常科) 4년, 고등과(高等科) 2년으로 편성하였다. '심상 尋常'이라는 말은 평범한 것, 보통의 것이라는 의미인데 일본의 교육제도의 소학교, 곧 초등학교 과정을 의미했다. 고등과는 지금의 중등학교 과정이라고 할 수 있다.

김대성 군은 호주 선교사들의 배려로 바로 이 학교에 입학하여 수학하게 된 것이다. 당시 광림학교는 성경, 국어, 영어, 산수, 역사, 지리, 한문, 습자, 체조, 창가 등을 가르쳤는데, 대성군은 이 학교에서 초등교육과정과 고등과에서 중등과정을 이수한 것이다. 대성 군은 진주지방 첫 목사가 되는 박성애의 아들 박은조(朴殷祚, 1913-1991)와 거의 비슷한 시기에 공부하면서 서로 알고 교류했을 것이다. 대성 군이 광림학교에서 졸업하고 얼마 안 되어 경영상의 문제로 1929년 폐교되었다. 광림학교에서 수학한 대성 군이 평양의 숭실학교로 진학한 것을 보면 학업 성적도 우수했던 것으로 보인다.

광림학교를 졸업한 대성 군은 평양의 숭실학교에 입학하게 된다. 1897년 10월 윌리엄 베어드(William Baird)에 의해 설립된 학교였다. 관서 지방의 개화와 기독교 전도의 중심지인 평양에서 새로운 교육이 절실하다고 보아 미국 북 장로교 선교부의 베어드 선교사 부부가 이 학교를 설립한 것이다. 숭실이라는 이름은 실학(實學)을 계승한다는 시대적 요청을 반영한 것이고, 허(虛)가 아닌 실(實)을 숭상한다는 의미가 담겨 있었다. 1900년에는 수업연한 4년의 중학교로 발전하였고, 1905년에는 대학부를 신설하였고, 1908년에는 2명의 대학부 첫 졸업생을 배출했다. 이 무렵 감리교 외에도 주한 장로교 선교부, 곧 미국 남 장로교, 캐나다 장로교, 호주 장로교가 연합하여 학교 경영에 참여하였기에 영어로는 연합숭실대학, 곧 Union Christian College라고 불리게 된다. 1925년에는 4년제 문과만으로 숭실전문학교로 개편되는데, 1931년에는 농과를 증설하였다. 문과가 교회 지도자들을 많이 배출했다면 농과는 농촌 부흥과 농민운동을 담당할 농촌지도자들을 많이 배출했다. 숭실대학은 전도 운동에도 힘을 쏟았고, 특히 항일 민족 운동에도 앞장서 수많은 애국지사를 배출하였다. 그래서 숭실은 기독교 정신에 기초하여 개화, 반봉건, 자주, 항일운동을 전개했다고 할 수 있다.

대성 군이 숭실 중학에 입학한 1930년대 숭실은 전문학교와 함께 민족 애국 운동의 거점으로 인식되기도 했다. 1938년에는 신사참배를 반대하여 폐교되는 아픔을 겪었다. 이미 1936년에 교장 윤산온(McCune) 선교사는 신사참배를 거부하여 교장직에서 해임되었고 곧 조선에서 추방되었다. 이런 격랑의 시기에 대성 군은 1929-1933 기간 숭실에서 수학하게 된 것이다. 보통 평양의 3숭(崇)을 말하는데 그것이 숭실전문학교, 숭실 중학, 숭의여학교를 말한다. 이 세 학교가 다 문을 닫게 된 것은 매우 아쉬운 일이었다. 그러다가 해방 이후 숭실학교 재건 운동이 일어나 1954년 4월 숭실대학 설립 인가를 얻어 폐교된 지 16년 만에 다시 서울에서 개교하였고 오늘의 숭실대학교로 발전하고 있다. 이런 상황에서 김대성 군은 1934년 봄에 숭실중학교를 졸업하게 된다.

10. 배돈병원을 떠나다

배돈병원은 경남지방 유일의 근대병원이었으나 1938년 이후 경영의 어려움을 겪게 된다. 1940년 전후 전운이 감돌기 시작하면서 일제의 감시와 감독이 강화되었고, 일본 형사가 수시로 병원을 방문하고 감시하게 시작했다. 원목이자 병원 서기였던 이현속 전도사는 신사참배 거부로 투옥되었고, 선교사들의 활동 또한 상당한 제약을 받았다.

더이상 병원을 운영하기 어려운 지경으로 치닫고 있었다. 이렇게 되자 대지안 의사는 안식년을 겸해 한국을 떠나게 되는데, 결과적으로는 한국에서의 은퇴가 되고 말았다. 다시 돌아오지 못할 것으로 예견했던지 석별의 아쉬움을 안고 두 차례 송별회를 개최하게 된다. 이 때의 송별식에 대해서는 대지안 자신이 쓴 긴 기록이 호주 빅토리아 장로교 여전도회 연합회가 발간하던 『크로니클스』(*The Missionary Chronicles*) 1940년 1월 1일 자와 동년 3월 1일 자에 사진과 함께 게재되었다. 이 기록을 보면 당시 병원 직원 면면을 헤아려 볼 수 있다.

경비를 담당했던 김도원, 약제사 정성도, 실험실의 김만수, 병원 총무 격인 강문서 외에도 여러 부인의 이름을 열거하고 있다. 이들은 진주교회에 출석했고, 강문서와 정성도는 교회 장로가 되었다. 이들 가운데서 병원 일을 담당했던 이은바 여사 또한 병원이 앞으로 어떻게 될지 걱정하며 기도했다.

1940년 전운이 감돌게 되자 선교사들은 한국을 떠나기 시작했고 1941년 4월 선교사들은 병원에서 철수하였다. 대지안도 원장직을 사임하고 한국을 떠났다. 김준기 박사가 그 뒤를 이어 1942년 원장에 취임했지만 그는 외국인 선교사와 접촉한 자라는 이유에서 구속되었고, 병원은 곧 폐쇄되었다. 1913년 이후 28년간 경남 유일의 선교병원으로 존속했던 배돈병원은 문을 닫게 된 것이다. 호주 멜버른의 장로교 여자중고등학교(PLC)를 거쳐 멜버른 의과대학에서 수학하고 의사가 되어 1918년 1월 한국 진주로 와서 23년간 일했던 대지안은 내키지 않는 발걸음으로 호주로 돌아갔고, 1981년 6월 15일 92세의 나이로 하나님의 부르심을 받았다. 그 또한 이은바 여사를 보살펴주며 그의 아들 대성에게 사랑을 쏟았던 자애로운 여성이었다. 병원이 폐쇄되자 이은바 여사 또한 새로운 길을 개척해가야 했다. 일단 살아가는 것도 문제였지만 그의 마음은 언제나 자신의 길을 개척해가는 아들 대성에게로 향하고 있었다. 그가 병원에서 일한 기간은 5년여 년에 불과했으나 이 기간은 아들 대성에게 매우 소중한 기회였다. 마라연 의사와 대지안 원장과의 접촉을 통해 의료인의 길을 가게 되었기 때문이다.

'전도부인'은 한국개신교 초기에 유급(有給)으로 전도 활동에 종사하던 여성을 가리킨다.

전도부인은 '여 전도인', '여 전도사', '부인 전도사' 등으로 불렸다. 한국에서의 개신교 여성선교는 1885년 미국감리회 첫 여 선교사 Mary Scranton의 내한으로 시작되었다. 그러나 당시 한국사회의 분위기 속에서 한국의 언어와 문화에 익숙하지 않은 선교사들이 직접 한국 여성들을 만나 복음을 전하는 일은 어려운 것이었다. 선교 개척기에 기독교 복음을 처음 전하는 한국 여성들에게 선교사의 생각을 전해주며, 선교사의 조력자 역할을 한 한국 여성 사역자가 바로 전도부인이었다.

선교사들은 본국에서 오는 기금으로 전도부인들을 고용하여 그들과 함께 일했다. 전도부인은 자신을 고용한 선교사의 지시에 따라 관할지역에 파송되어 전도사업을 펼쳤으며 선교사의 통제를 받았다. 선교 초기에는 전도부인 양성을 위한 체계적인 교육이 미비한 상황에서 선교사가 한글을 깨친 여성들에게 개별적으로 성경과 단순한 교리를 가르쳐 전도 사업에 종사하게 했다.

전도부인을 체계적으로 양성하기 위하여 여자 사경회(査經會)가 시작되었다. 사경회가 시작된 것은 장로교의 경우 1897년, 감리교회는 1898년경으로 추정된다. 사경회는 일 년에 두 차례, 농한기를 빌어 2-4회에 걸쳐 진행되었다. 한국교회의 성장과 함께 전도부인 양성을 위한 전문적인 교육이 더욱 필요해짐에 따라 전도부인 양성을 위한 상설 교육기관으로 여자 성경학원이 설립되었다. 성경학원은 교육체계를 갖추고 성경, 교리, 교회사, 일반학문, 전도 실습 등으로 교과목을 구성하여 사경회보다 훨씬 다양하고 폭넓게 전도부인들의 역량을 키워나갔다.

전도부인들은 지방을 순행하며 성경공부반을 열고 교회를 설립하고, 미약한 교회를 부흥시켰다. 이들은 해외 외국선교부가 세운 학교와 병원에 근무하여 복음을 전하고 국내외 설교를 담당하는 전문목회자로 활동하기도 하였다.

한국에서의 교회 형성과 발전에 기여한 엄청난 노고와 업적에도 불구하고 전도부인들의 실상에 대하여 알려진 것이 거의 없다. 다행히 매티 노블(Mattie W. Noble) 선교사가 편집하여 1927년 펴낸 〈승리의 생활〉이 거의 독보적인 저술이었다. 이 책은 전도부인들의 인생 역전, 선교의 여정과 사역의 성과 등을 알려주고 있어 전도부인 연구에 귀중한 자료가 되고 있다. 한편 김정은 저자는 2023년 11월 〈미국 북장로회 한국선교와 전도부인〉책을 발행하였다. 김정은 저자는 연세대학교 연합신학대학원에서 교회사로 박사학위를 받았다.

/ 여기에 소개된 한국인 전도 부인에 관한 내용은 김인철 교수가 인터넷 검색을 통하여 얻은 정보를 정리한 것임.

제 2부

김대성 의사의 음악활동과 의료헌신

필자 김 인 철

김대성 의사의 음악활동과 의료헌신

1. 출생과 성장

김대성(金大成:1917. 4–1953. 3)의 부친은 김홍춘(金弘春:1887–1917. 3)이다. 대성은 불행하게도 부친 사망 1개월 후에 경남 의령군에서 유복자로 태어났다. 의령에 파송된 호주 여선교사의 도움으로 의령에서 다소 거리가 있는 진주 배돈병원에서 어머니 이재령 여사는 안전한 출산을 할 수 있었다.

호주 선교사들의 따뜻한 보호와 위안으로 이재령 여사는 기독교를 받아들이고 곧 성경공부를 시작하였다. 그동안 대성 아기는 간호사의 도움을 받으며 호주 선교부가 운영하는 진주 유아원과 유치원에서, 그리고 초등학교에서 교육을 받았다. 이 기간에 그는 수간호사인 나피어 양(Miss Napier)의 특별한 보호와 사랑을 받고 자랐다. 김대성 어린이는 어릴 때부터 영어를 배우며 호주 선교부가 운영하던 광림초등학교를 졸업하였다.

광림초등학교를 졸업한 후 1929년 평양에 있는 5년제 숭실중학교에 입학하였다. 지금의 중·고등학교에 해당하는 숭실중학교를 1934년 봄에 졸업한 김대성은 진주 배돈병원에 돌아와서 의사공부를 시작했다. 그리고 1937년 서울 연희전문학교에 입학하여 문학과 의학을 동시에 공부하였으며 1939년 일본정부가 시행하는 의사시험에 합격하여 의사 면허를 취득하였다. 의학과 의술에 능통할 수 있었던 것은 배돈병원의 Jean Davies병원장과 세브란스병원의 McLaren교수로부터의 집중적인 교육때문이었다.

김홍춘과 이재령 부부의 유복자로 경상남도 의령에서 출생한 김대성은 편모슬하에서 성장했으나 건실한 청소년기를 보낸다. 그것은 전적으로 신앙의 힘이었다. 사춘기에 내적인 고뇌가 없지 않았지만 어머니와 호주 선교사들의 따뜻한 보호가 마음의 위안이 되었을 것이다. 어머니가 전도 부인으로 그리고 진주 배돈병원 직원으로 일하게 됨에 따라 진주에서 성장한 김대성은 진주 광림 학교에서 수학하게 된다. 호주 선교사들의 배려였다.

광림학교는 진주지부의 호주 선교사 커를 의사에 의해 1906년 설립되는데, 첫 입학생은 21명이었다. 처음 이름은 안동남학교였고 학감은 박성애, 교사는 안헌(安憲, 1886-1946)이었다. 안헌은 후일 안확(安廓)으로 개명하는데, 독립운동에 관여하고, 문명개화론을 주창했던 국문학자이기도 했다. 남자학교가 설립된 지 4개월 후인 그해 8월에는 커를 선교사 부인 에셀 커를의 주도로 여자학교가 설립되는데 사립정숙여학교라고 불렸다. 교사는 박성애 조사의 부인인 박순복(朴順福, 1888-1942)이었다. 이 학교가 진주지방 최초의 여성들을 위한 근대학교였다. 이렇게 설립된 안동남학교와 정숙학교는 1909년 2월에는 하나의 학교로 통합되는데, 이 학교가 사립광림학교였다. 각종학교로 인가를 받기 위한 조치였다. 비록 학교는 통합하였으나 처음에는 남자부와 여자부로 나누어 수업했는데,

학급은 심상과(尋常科) 4년, 고등과(高等科) 2년으로 편성하였
다. '심상 尋常'이라는 말은 평범한 것, 보통의 것이라는 의미인데
일본의 교육제도의 소학교, 곧 초등학교 과정을 의미했다. 고등과
는 지금의 중등학교 과정이라고 할 수 있다.

김대성 군은 호주 선교사들의 배려로 바로 이 학교에 입학하여 수
학하게 된 것이다. 당시 광림학교는 성경, 국어, 영어, 산수, 역사,
지리, 한문, 습자, 체조, 창가 등을 가르쳤는데, 대성 군은 이 학교
에서 초등교육과정과 고등과정에서 중등과정을 이수한 것이다. 대
성 군은 진주지방 첫 목사가 되는 박성애의 아들 박은조(朴殷祚,
1913-1991)와 거의 비슷한 시기에 공부하면서 서로 알고 교류했을
것이다. 대성 군이 광림학교에서 졸업하고 얼마 못 되 경영상의 문
제로 1929년 폐교되었다. 광림학교에서 수학한 대성 군이 평양의
숭실전문학교로 진학한 것을 보면 학업 성적도 우수했던 것으로 보
인다.

2. 김대성에 신앙, 음악, 의술을 가르쳐 준 사람들

이재령 여사의 유복자인 김대성은 1917년 4월 날때부터 기독교
신앙을 갖게 되었다. 호주에서 파송된 간호사들의 보호와 사랑으로
곱게 자란 김대성은 어릴 때부터 기도와 찬송과 음악을 배웠다. 그
리고 바이올린 연주를 배웠다.

거투르드 나피어(Gertrude Napier)양은 수간호사로서 배돈병원
에서 1920-1935년 기간동안 봉사하였다. 그녀는 엄마와 유아들을
위해 보건서비스를 제공하였다. 특히 여성과 아기양육에 대해 가르
쳤으며 대성어린이를 잘 돌보아 주었다. 대성의 어머니께서 전도부

인으로 일하실 때 나피어양은 대성 어린이가 다치지 않게 신경을 많이 쓰셨을 것이다.

대성 어린이는 초등학교를 다닐 때부터 바이올린을 배워 찬송가를 연주했다. 그당시 가까운 마을에서 음악회를 열어 조선사람들에게 찬송가와 서양음악을 들려줌으로써 선교에 효과를 낼 수 있었다. 특히 진 데이비스 의사는 대성 어린이와 함께 음악회를 정기적으로 개최함으로써 복음전도에 열심을 내었다. 호주에서 오신 목사님 사모들도 대성에게 바이올린을 가르쳐 줌으로써 후에 어른이 되어서 훌륭한 바이올린 연주자가 되게 하였다. 결국 전도사업을 돕기 위해서도 김대성 청년은 바이올린 연주자가 되기 위해 열심히 노력하였다. 그리고 음악인에 그치지 않고 의사가 되어 더 많은 사람을 전도하고자 하였다. 따라서 김대성은 Jean Davies와 McLaren 의사를 눈여겨 보고 자신도 의사가 되려는 포부를 가지게 되었다.

광림 학교를 졸업한 대성 군은 평양의 숭실전문학교에 입학하게 된다. 지금의 숭실 대학교의 전신이라 할 수 있는 평양 숭실은 당시로는 유명한 학교였고, 1897년 10월 윌리엄 베어드(William Baird)에 의해 설립된 학교였다. 관서 지방의 개화와 기독교 전도의 중심지인 평양에서 새로운 교육이 절실하다고 보아 미국 북장로교 선교부의 베어드 선교사 부부가 이 학교를 설립한 것이다. 숭실이라는 이름은 실학(實學)을 계승한다는 시대적 요청을 반영한 것이고 허(虛)가 아닌 실(實)을 숭상한다는 의미가 담겨 있었다. 1900년에는 수업연한 4년의 중학교로 발전하였고, 1905년에는 대학부를 신설하였고, 1908년에는 2명의 대학부 첫 졸업생을 배출했다.

1925년에는 4년제 문과만으로 숭실전문학교로 개편되는데, 1931

년에는 농과를 증설하였다. 문과가 교회 지도자들을 많이 배출했다면 농과는 농촌 부흥과 농민운동을 담당할 농촌지도자들을 많이 배출했다. 숭실대학은 선교 운동에도 힘을 쏟았고, 특히 항일 민족운동에도 앞장서 애국지사들을 많이 배출하였다. 그래서 숭실은 기독교 정신에 기초하여 개화, 반봉건, 자주, 항일운동을 전개했다고 할 수 있다.

대성 군이 숭실에 입학한 1930년대는 숭실은 고등교육기관으로 자리 잡았을 뿐만 아니라 민족 애국 운동의 거점으로 인식되기도 했는데, 당시 사립 기독교계 전문학교로는 숭실을 비롯하여 연희전문학교, 세브란스의학전문학교 이화여자전문학교 뿐이었고, 비 기독교계 학교로는 보성전문학교, 서울농업전문학교 등이 있었다.

3. 호주 의료선교사 찰스 매크라렌(Charles McLaren)

매크라렌 선교사의 한국 이름은 '마라연(馬羅連)'이었다. 그가 한국에 부임하여 한국인 어학선생의 도움으로 작명한 것이다. 馬羅連은 'McLaren'을 적당히 취음하여 작명한 것인데 그의 이름이 찰스(Charles)이기에 '마철수'라고 부르기도 했다. 대부분의 서양 선교사들은 이조말(李朝末) 조선 왕실로부터 어렵게 허락을 받아 의료 선교활동을 할 때 조선 사람들이 쉽게 부르고 기억하기 좋게 한국식 이름을 만들었다. 그의 이름을 우리 방식대로 해석해 본다면 '羅'는 '새그물' 또는 '지남철'을 뜻하며 '連'은 '연결' 또는 '맺음'의 뜻이 된다. 그래서 '마라연' 姓은 "말을 타고 먼 거리를 다니면서 복음을 전하고 많은 사람을 예수님께 가까이 연결함"이라는 뜻이 된다.

매크라렌 의사, 교수 (1982–1957)

찰스 매크라렌은 1882년 8월 23일 일본 동경에서 태어났다. 스코틀랜드 출신인 그의 아버지는 일본 연합신학교에서 교수로 사역하는 중이었다. 매크라렌은 9살 때 선교사로 서원했으며, 호주 멜버른(Melbourne)대학교에서 의학을 공부하면서도 성경 공부와 선교 사역 준비에 힘썼다. 일본에서 태어난 매크라렌은 일본에서 가까운 조선에서의 의료전도에 관심이 많았었다. 그는 1911년 8월 Jessie Reeve (1883-1968) 와 결혼하고 같은 해 10월 그녀와 함께 의료선교사로 진주에 도착했다.

매크라렌 부부가 왔을 때는 그들보다 일찍 부산에서 의료선교사로 봉사하던 휴 커를 (Hugh Currell: 1871-1943) 의사가 호주 선교부 파송으로 진주에 와 있었다. 커를 의사는 의료 선교를 수행하면서도 진주에 처음으로 들어설 서양식 새 병원을 짓는데 시간을 많이 할애하였다. 결국 1910년 10월, 호주 선교회에서 보내준 기금으로 병원 건축이 시작되었고 1913년 완성되었다. 호주 선교부는 이 병원을 쉬운 우리 말로 '배돈병원' 이라 불렀다.

진주에서 처음으로 설립된 서양식 병원의 이름이 "배돈병원" 으로 정해진 이유는 다음과 같다. 호주에서 존경받던 Paton 선교사 부인이 1905년 5월 사망하자 그녀의 활동을 기념하기 위하여 장로교여전도회연합회(Presbyterian Women's Missionary Union)가 기금을 모금하였으며 이 기금으로 서부 경남 진주시에 있는 선교병원을 건립하게 되었다. 새로운 선교병원의 영문 이름은 Mrs. Paton Memorial Hospital (페이튼 여사 기념병원)이지만 좀 더 쉽게 조선어로 줄여서 "배돈병원" 이라 불렀다. 커를 의사는 1913년 배돈 병원의 완공부터 1915년 본국으로 돌아갈 때까지 초대 원장직을 맡았다.

커를 의사의 귀국 후 호주로 돌아가자, 찰스 매크라렌 의사가 (1915-1917) 기간 동안 제2대 배돈 병원장 職을 맡게 된다. 그런데 이 기간에, 매크라렌 의사는 2개의 중요한 신분상의 변화를 맞이하게 된다. 한 가지 변화는 1913-1917 기간 동안 진주와 서울을 오가며 매우 바쁜 생활을 보내야 했다. 1913년 배돈선교병원이 완성되자, 서울에 있는 세브란스병원과 그에 소속된 세브란스연합의학교 (Severance Union Medical College) 측에서 매크라렌 교수가 연중 3개월 동안 SUMC에 와서 가르치도록 간곡하게 요청하였으며 호주 장로교 선교부는 이를 허락하였다.

또 하나의 변화는 1차 세계대전에 참전한 兄, 브루스 매크라렌 (Bruce McLaren)이 1917년 중반에 전사하자, 이에 큰 충격을 받고 찰스 매크라렌은 1917년 후반에 동맹국인 프랑스 군대의 군의관으로 참전했다. 전쟁이 끝난 후 1920년 4월에 매크라렌은 다시 진주 배돈병원으로 돌아왔으며 역시 연중 3개월 동안 SUMC 에서 의예과 학생들에게 아동학과 심리학을 가르쳤다. 그리고 1923년부터 1939년까지 SUMC 신경학과 전임 교수를 역임하였다. 여기서 그는 안과학의 기초도 완성함으로써 세계 최고의 실력을 갖춘 의학 교수로 알려졌다. 물론 기회가 있을 때마다 위중한 환자치료를 위해 배돈병원을 자주 방문하였다.

이 사진에는 McLaren의사, Dr. Jean Davies, 그리고 나피어 (Miss Gertrude Napier) 수간호사가 앞줄에 나란히 앉아 있다. 연도가 쓰여 있지 않아 정확하게 언제인지 알 수 없다. 그러나 1934년 초기라고 볼수있다. 정병준 교수의 책에 의하면 나피어 양이

1920년부터 1934년까지 진주 배돈병원에서 존경받는 수간호사로 봉사하였다. 특히 엄마와 유아들의 위생과 보건 서비스를 위해 봉사하다가 몸이 불편하여 요양차 진주를 떠나 대구에 잠시 떠나 있기로 했다.

필자가 짐작하기로는 1934년 마침 매크라렌 의사가 수술환자도 볼 겸 진주에 왔을 때 나피어 수간호사를 포함하여 배돈병원에 있는 데이비스 원장과 수련 의사들과 함께 기념사진을 찍었다. 이때 김대성도 1934년 봄에 숭실학교를 졸업하고 배돈병원에 내려와 의사수련을 받고 있었다. 뒷줄 왼쪽에서 오른쪽으로 네 번째 가운을 입고 서 있는 사람이 김대성이다.

정병준 교수가 번역한 『은혜의 증인들』 책에서 거투루드 나피어 (Miss Gertrude Napier) 수간호사의 일생을 소개한 부분이 있다. 나피어양은 호주의 브리스번과 멜번에서 간호사로 훈련을 받은 후 간호사 전도자로 임명을 받고 1911년 10월에 한국 마산에 도착했다. 거기서 1920년까지 주로 엄마와 유아들을 위해 보건 서비스를 제공하였다. 나피어 양은 특히 위생과 아기 양육에 헌신하였다. 1921년에 진주로 이전해서 1934년까지 배돈병원에서 희생적인 봉사를 했다는 기록이 있다.

김대성은 유아로 시작하여 1929년 평양 숭실중학교로 떠나기까지 나피어 수간호사의 사랑과 보호 아래에 있었다. 그러나 나피어 수간호사는 건강이 좋지 않아 1934년 배돈병원을 떠나 대구에 휴양가기로 하였으며 떠나기 전에 배돈병원 식구들과 함께 사진을 찍

1934년 봄 진주배돈병원에 배속된 의사들,
매크라렌 의사, 진 데이비스원장 그리고 나피어 간호사.
왼쪽에서 네번째 흰가운 입고 서있는 사람이 김대성의사.

었다. 이 사진에는 1934년 봄 평양숭실학교를 졸업하고 돌아온 김대성 청년과 그리고 주로 서울세브란스연합의학교(SUMC)에서 가르치던 매크라렌 교수가 진주에 내려와 배돈 병원 직원들과 함께 사진을 찍었다.

맨 앞줄 오른쪽 끝에 앉은 간호사가 에드거 양인데 정병준 교수의 자료에 의하면 그녀의 본명은 Elsbeth Trudinger Edgard (1905.9-1985.11)이다. 그녀는 통영에서 1년 (1932-1933) 그리고 진주에서 11년(1933-1941)간 봉사했다. 에드거의 부모는 중국 선교 사이어서 중국에서 태어났다. 그녀는 호주 멜번의 디커니스 훈련소에서 훈련을 받고 1931년 9월 한국에 도착했으며 1934년에는 나피어 수간호사 후임으로 배돈병원의 수간호사가 되었다. 에드거는 전임자의 유아 복지 프로그램 책임을 맡았으며 마음이 따뜻하고 유능하며, 일을 손쉽게 처리하는 사람으로 훌륭한 평판을 받았다.

위 사진의 앞줄에 흰 가운을 입고 앉은 서양인 의사의 이름은 윌리암 테일러 William Taylor(1877.6 - 1938.9)이다. 그는 북아일랜드의 Ballymena에서 태어났고 스코틀랜드의 수도 에든버러에서 의학을 공부했으며 1913년 9월에 한국에 왔다. 그는 간호선교사 앨리스 매인(Alice Main)과 결혼했다. 그들은 1921년까지 통영에서 사역했으며 그 후 진주 배돈병원으로 이전해서 1938년까지 그곳에서 일했다. 테일러 의사는 1938년 9월 23일 61세의 나이로 요코하마에서 갑자기 사망했다.

매크라렌 의사의 활동에 관련하여 그의 부인의 도움을 빼놓을 수가 없다. 매크라렌 의사가 성공적인 선교활동을 할 수 있었던 것은,

지혜로운 부인 제시 리브(Jessie Reeve)의 협력 때문이었다. 그녀는 대학을 들어가기 전 인도에서 선교사로 일하는 부친을 2년 동안 도왔다. 남편 매크라렌과 진주에서 살 때 선교 차원에서 작은 유치원을 만들어 조선 아이들을 교육했다. 1923년 매크라렌이 세브란스병원에서 의사로 그리고 세브란스연합의학원(Severance United Medical College)의 교수로 일하기 위하여 서울로 귀경하였다. 이 때 딸 레이철(Rachel)이 태어났다. 그리고 버려진 세 한국 여자아이들을 입양하여 그들을 친 자식처럼 길렀다. 매크라렌 부부는 1911-1923 기간 동안 진주에서, 그리고 1923-1939 기간까지 서울에서 활동했으며 1939년 다시 진주로 돌아갔다.

　1939년 말엽 2차 세계대전이 시작될 무렵 매크라렌은 진주 배돈병원으로 다시 복귀하였다. 그는 철저한 기독교인으로서 신사참배를 반대하였으며 일본 왕에게 절하는 동방요배(東方遙拜)는 우상숭배이므로 한국 기독교인은 이를 반대해야 한다고 격렬하게 주장했다. 결국 매크라렌은 1941년에 체포되어 감옥생활도 하고 한국에서 추방당했다. 그의 영향을 받아 많은 한국인 기독교인들도 국내에서 신사참배와 동방요배를 반대함으로써 옥고를 치렀다.

4. 엘리스 진 데이비스 호주 여 선교사, 1918년 1월 한국에 도착

　찰스 매크라렌은 형 브루스(Bruce)가 1차 대전에 참전하여 1917년 후반에 전사했다는 소식을 듣고 자신도 참전하기 위하여 진주의 배돈병원을 떠나게 되었다. 찰스는 브루스 형을 어릴 때부터 좋아하고 많이 따랐다. 형은 영국 캠브릿지대학에서 공부한 수리 물리학자(Mathematical Physicist)이었다. 찰스 매크라렌이 형의 뒤를 이어 호주와 동맹국인 프랑스 군대에 군의관으로 참전하게 되자 호주 선교부는 진 데이비스 女 의사를 매크라렌 후임자로 임명하였다.

엘리스 진 데이비스 (Ellice Jean Davies:1889.3-1981.6) 의료선교사는 1918년 1월 추운 겨울에 한국에 도착했다. 진 데이비스 여선교사의 한국 이름은 '대 지안(代 至安)' 이었다. '代' 는 그녀 집안의 성(姓) 'Davies (데이비스)' 의 첫 소리글자 '대' 이며 '지안' 은 그녀의 중간 이름 'Jean' 에서 따 온 것이다. 그녀의 성과 이름인 '데 지안' 은 그 시대에 태어나 지극히 먼 곳까지(至) 가서 사람들을 전도하여 하나님이 주시는 平安이 그들에게 두루 퍼지게 하는 사람' 이라는 뜻이 된다.

진 데이비스 女 의사는 인간적으로 따뜻하고 정이 많은 분이었으나 선교사업에 관해서는 사전계획을 세우고 차분하게 실천해가는 선교사이었다. 그녀는 평생 결혼하지 않고 한국에서 23년간 봉사하였으며, 한국을 식민지로 가졌던 일본이 1941년 일본이 태평양전쟁을 일으키면서 한국에서 선교활동을 하던 모든 서양인을 한국에서 떠나게 하였다.

진 데이비스 의사는 데이비스 가문에서 가장 뛰어난 선교사이었다. 그녀는 호주 멜번 의과대학에서 안과와 이과(the Eye and Ear) 분야를 전공하였으며 멜번의 부인병원과 아동병원에서 resident 의사로 일한 경험이 있었다. 그리고 그녀는 한국에서 의료행위를 하기 전에 도쿄에서 의료시험을 통과해야 했다. 추후 자세한 설명이 있겠지만 필자의 부친 김대성도 일찍부터 가까이 데이비스 의사로부터 그녀의 전공 분야 의술을 배워 1940년부터 한국에서 의사

진 데이비스 의사, 선교사
(1989.3-1981.6)

활동을 수행하였다.

진 데이비스 여사가 뛰어난 의사요 열정적인 선교사가 될 수 있었던 것은 먼저 하나님이 역사하심으로 그리된 것이지만 그녀의 가문(家門) 때문이기도 하였다. 앞서 21쪽에서 소개되었지만 호주에서 한국에 처음으로 온 선교사는 데이비스(Daivis) 가문에 속한 조셉 헨리 데이비스(Joseph Henry Davies:1856.8-1890.4) 목사이었다. 33세이었던 그는 선교사로서 1889년 8월 누나인 메리 타보르 데이비스(Mary Tabor Davies: 1853.6-1941.5)와 함께 한국에 왔다. 서울에서 부산으로 3주간의 도보여행으로 전도하면서 천연두에 감염되어 한국에 와서 8년 만에 사망했다. 따라온 메리는 곧 호주로 돌아가서 그녀의 가정과 교회를 섬기는데 삶을 헌신하였다.

헨리 데이비스 목사의 동생인 존 데이비스(John Davies)도 목사였다. 건강 이유로 한국선교는 할 수 없었으나 그에겐 딸이 둘 있었다. 마가레트 샌디먼 데이비스(Margaret Sandiman Davies: 1887.6-1963.6)와 엘리스 진 데이비스 의사였다. 그런데 존 데이비스 목사의 아내인 에니 데이비스(Annie Davies)도 남편의 후원으로 호주의 한국선교에 큰 역할을 담당하였다. 그녀는 호주 여성의 해외선교를 지원하는 장로교여선교연합회 PWMU(Presbyterian Women's Missionary Union) 기관을 1890년에 다른 독지가와 함께 창립하였다. PWMU의 초대 회장은 제인 하퍼(Mrs. Jane B. Harper) 이다.

마가레트는 멜번대학에서 교육학 석사학위를 받고 교육선교사로 1910년 11월 부산에 도착했다. 그녀는 여자중학교인 일신학교를 세워 1916-1925년에 부산진에 있는 일신여학교의 교장으로 봉직했다. 그리고 1925년 6월 25일 동래에 여자중학교인 제인하퍼기념학교(the Jane B. Harper Memorial School)를 개교했으며 1939년 7월 호주 선교회가 학교폐쇄를 결정할 때까지 교장직을 맡았다. 호주 선교회는 일제의 신사참배 강요에 반대하는 결의를 했고 1939년 7월 31일 총독부의 명령으로 일신여학교에 폐쇄령이 내려졌다.

언니인 마가레트 데이비스보다 2살 아래인 엘리스 진 데이비스는 의사 공부하느라고 언니보다 7년 정도 늦게 1918년 1월에 한국에 왔다. 마가레트 언니는 교육자로서 부산, 동래에서 선교활동을 하였으나 엘리스 진은 의사로 진주에서 활동하였다. 두 자매 모두 결혼하지 않고 평생 혼자 살았으며 1941년 일본당국으로부터 추방될 때까지 한국에서 선교활동을 하였다. 한국에서 일하는 동안 교회 주일학교에서 가르쳤으며 인근의 주일학교를 정기적으로 방문해서 아이들이 연주회를 할 수 있도록 도왔다. 그녀는 때때로 주일 오후에 병동에 가서 성경 요절과 찬송을 가르쳤다.

진 데이비스는 일생동안 헌신적으로 사람들을 섬기며 깊은 사랑과 존경을 받았다. 이재령 할머니로부터 물려받은 전도부인 사진과 1939년 후반기에 배돈병원 앞에서 이은바(李在寧) 할머니께서 진 데이비스 원장과 함께 마지막 찍은 단체 사진을 볼 때마다 언제나 그때의 상황을 내 마음에 그릴 수 있어 참 기쁘다.

배돈 병원은 호주장로회 선교부에서 3년 걸려 건축한 서양식 병원이었으며 50개 환자용 침대를 갖춘 병원이어서 그 당시에는 대형병원이었다. 당시 비교적 경제가 부유한 호주에서 파송된 의사들은 한국에서의 의료 선교에 중점을 두었다.

그 당시 호주의 해외 의료 선교는 모자병원(母子病院)의 역할에
주안점을 두었다. 이것은 당시 한국 같은 빈곤 국가에서는 전염병
이 많아 영아사망률이 높았으며 전쟁과 가난 때문에 어머니와 아이
들이 병을 많이 앓았다. 그러나 과거 조선 시대에는 나라가 어지럽
게 될 수 있어 왕실에서는 초기에 서양 선교사의 입국을 허용하지
않았다. 그러다가 舊韓末 민영환 大臣이 서양병원인 제중원에서 치
료를 받고 낫게 되자 그때부터 서양 의사들의 한국입국이 자유롭게
되었다.

사진에서 보듯이 이재령 여사는 1926년 6월 여자성서학원을 졸
업했으며 호주 여선생님과 졸업생이 함께 기념사진을 찍었다. 정병
준 교수에 의하면 1913년 여자 성경학원은 모든 전도부인과 적합하
다고 여겨지는 여성들에게 개방되었다. 전도 부인을 제외하고는
22-50세의 나이 제한이 있었다. 수업기한은 매년 농한기에 2개월
씩 5년 동안 지속되었다. 수업 시간은 매일 3시간으로 주 5일이었
다. 최초의 교과과정은 1913년에 만들어졌다. 1917년 경남여자성
경학원 교과과정은 다음과 같다. 1학년 과정: 누가복음, 그리스도
의 생애, 사도행전 1-12장. 2학년 과정: 요한복음, 창세기, 사도행
전 13-28장. 3학년 과정: 로마서, 갈라디아서, 출애굽기와 구약연
구. 4학년 과정: 데살로니가 전후, 고린도 전후, 여호수아, 이사야
의 선별 부분. 5학년 과정: 히브리서, 신약성서의 남은 부분 개괄,
사무엘 上下이었다.*

---

* 정병준, 호주장로회, 선교사들의 신학사상과 한국선교 1889- 1942. Pp. 431-432.

1926년 6월 8일 여자성경학원 졸업생 중
맨 앞줄 왼쪽에 앉아있는 분이 이재령 여사

이재령 전도 부인의 일정은 아침에 배돈병원 (Paton Memorial Hospital)이 무료로 운영하는 유아원에 아들을 맡겨두고 호주 선교사와 전도 부인들과 함께 심방 원이 되어 진주에서 길 안내를 담당하였다.

5. 숭실중등학교에서의 Violin 연주 활동 (1929-1934)

유년기 때의 김대성은 배돈병원이 운영하는 유치원에서 성경, 찬송, 영어를 배웠다. 대성은 어릴 때부터 음악을 좋아했으며 호주 여선교사들로부터 바이올린을 열심히 배웠다. 초등학교 시절, 소규모 집회 때 바이올린으로 찬송가 연주함으로써 병원장이며 선교사인 Jean Davies (대 지안)으로부터 칭찬을 많이 받았다.

대지 안 여 선교사의 행적에 관한 기록에 의하면 "그녀는 한국에서 일하는 동안 아이들을 주일학교에서 가르쳤다. 또한 정기적으로 방문해서, 아이들이 연주회를 할 수 있도록 도왔으며 때때로 주일 오후에 병동에 가서 성경 요절과 찬송을 가르쳤다."

(정병준의 영문 발췌문 참조)

"Doctor Jean Davies taught in Sunday School. She taught in Sunday Schools right through her time in Korea, and taught regularly in the Toorgai outreach Sunday School. She trained the young men's choir for a time, and helped them to stage some concerts. She spent her Sunday afternoons in the wards teaching Scripture verses and hymns."

이 시기에 대성 어린이는 집중적으로 대 지안 (Jean Davies) 병원장 또는 다른 호주 선교사로부터 열심히 바이올린 연주를 배웠다. 예배 모임에선 바이올린으로 찬송가 반주를 도왔으며 때때로 예배 시간에 바이올린으로 찬송가를 연주하기도 했다. 이 시절에 데지 안 병원장은 어린 대성에게 바이올린 연습에 더욱 열심을 내게 했으며, 다른 어린이들과 합세하여 연주회를 정규적으로 실시함으로써 인근 마을 사람들을 즐겁게 했을 뿐 아니라 기독교 문화를 자연스럽게 받아들이는 기회를 제공한 것이다.

정병준 교수(호주장로회 선교사들의 신학 사상과 한국선교)에 의하면 그 당시 배돈 병원에 관련된 분 중에서 바이올린을 어린아이들에게 가르쳐 줄 수 있었을 것이며 특히 Charles McLaren 의사의 부인, William Taylor 의사의 부인, F.W. Cunningham 교육 전문가 부인 등이, 호주 선교회가 운영하는 초등학교 어린아이들에게 현악기를 가르쳤을 수도 있다고 하였다. 그 어린이 중에 김대성 어린이가 바이올린을 빨리 배워서 대 지안 병원장과 가까이 지낼 수 있었을 것이다. 그 후 평양 숭실중학교 시절에 바이올린 연주회에 참가함으로써 동아일보사와 조선일보사가 그의 연주발표를 전국적으로 보도했다.

한편 이 재령 여사의 주된 일은 영어를 틈틈이 배워가며 호주 선교사들을 돕는 것이었다. 전도와 심방을 위해 통역도 하며 먼 길을 안내하는 것이었다. 이때 받은 월급은 앞에서 지적된 바와 같이 24엔 정도였다. 이 정도의 월급은 일본의 조선 점령기였던 1920년대에 조선에서의 경찰 월급과 비슷하다고 하여 비교적 괜찮은 수준이었다고 한다. 24엔이면 80kg 쌀 한 가마를 충분히 살 수 있었다고

하니 두 식구가 먹고살기에는 충족했으며 적어도 매월 월급의 1/3
은 장래 아들의 교육비를 위해 열심히 저축하였다.

여기에다 이재령 씨의 봉급은 좀 더 인상되는 기회가 생겼다. 길
안내뿐 아니라 실제로 이재령 여사는 선교사와 마찬가지로 전도 인
이 될 수 있었다. 호주 선교회에서 설립하고 당시 진주 경남여자성
경학원에서 5년 성경을 공부함으로써 제6회 졸업생이 되었다. 성
경학원을 졸업한 후 정식으로 호주선교회 소속의 전도부인이 되었
다. 이로써 이재령 여사의 월급은 좀 더 인상되었을 것이다.

외아들 대성 어린이는 진주 초등학교인 광림 학교를 졸업하고
1929년 평양에 있는 5년제 숭실중학교에 입학했다. 이재령 여사는
처음에 12살밖에 안 된 외아들 대성을 멀리 떠나보내기가 어려웠
다. 학비는 어느 정도 저축해 둔 돈으로 해결할 수 있었으나 이 여
사는 한반도 남쪽 진주에서 북쪽 평양까지 먼 거리에 있는 곳으로
어린 외아들을 보내기 싫었다. 그러나 대성 어머니는 서양 선교사
가 세웠다는 사실에 어느 정도 안도했다. 그리고 저축해둔 돈도 있
고 해서 이 모든 게 하나님의 뜻이라 생각하고 아직은 어려도 대성
을 평양숭실학교에 유학을 보내기로 했다.

아들 대성도 처음엔 선뜻 마음에 내키지 않았다. 그러나 가끔 서
울세브란스병원에서 진주 배돈병원으로 자주 내려오던 매크라렌
(Charles McLaren) 의사와 그리고 어머니 같은 데지안 (Ellice
Jean Davies) 병원장의 강력한 권고가 있었기에 대성도 마음을 바
꾸었다. 이재령 전도 부인은 1891년생이었으며 데지 안 의사는
1889년생이라 대성에게 위엄있는 양어머니이셨다. 평양 숭실학교

는 진주에서 실로 먼 곳이었지만 대성은 두 어머니의 강력한 권고를 따르기로 하고 평양행을 결심했다. 진주 배돈병원을 떠나면서 대성은 병원장으로부터 아주 훌륭한 선물을 받았다. 그것은 어디에서 왔는지 모르지만 새 바이올린이었다. 호주로부터 직수입되었거나 아마도 가까운 일본에서 올 수도 있었을 것이다. 그 당시 어린 대성이 5년제 평양 숭실중학교에 입학할 수 있었던 것은 진 데이비스 원장뿐 아니라 다른 의사분들도 한마음이 되어 도움을 주었기 때문에 대성 군이 평양 숭실중학교에 입학할 수 있었다고 필자는 믿고 있다.

박윤재 교수가 앞에서 지적하였듯이 서울 한성에서 우여곡절 끝에 제중원의 운영권을 이관 받은 에비슨은 진료와 함께 중단되었던 의학교육을 재개하였다. 그의 구상은 일반적인 의료인력의 육성을 넘어 기독교 복음을 전파할 수 있는 의사의 양성으로 이어졌다. 그가 생각하기에 의사는 향후 조선 사회를 지도할 수 있는 주요 계층이 될 것이며 제중원이 선교 기관으로 변모된 이상 의학교육을 통한 기독 의사 양성의 필요성을 강조하였다. 이런 생각은 호주 선교부도 동의하였을 것이다. 따라서 호주 전도부에서는 어릴 때부터 음악성이 특출한 조선 어린이가 바이올린을 빨리 배우고 신앙심이 좋은 조선 어린이가 향후 호주 의사로부터 의술을 배워 의사가 될 수 있도록 가능한 많이 지원하였다고 본다. 그러기 위해서는 우선 대성 어린이가 mission school인 5년제 평양 숭실중학교에 진학할 수 있어야 했다.

평양 숭실중학교에서 공부해야 하는 과목은 많이 있었으나 별로 어렵지 않았다. 우선 영어 과목이 여러 개 있었으나 영어는 아주 어릴 때부터 익혀온 터라 전혀 문제 되지 않았다. 다만 영어를 말할 때 호주식 엑센트만 미국식으로 바꾸면 되었으니까. 그런데 주말이면 외로웠다. 어머니도 보고 싶고 배돈병원 식구도 생각났다. 그럴 때마다 대성은 바이올린을 꺼내어 열심히 찬송가를 연주했다. 그리고 학교 도서관에서 미국과 외국에서 발행된 classic 악보를 찾아서 열심히 바이올린 활을 움직였다.

평양숭실 중학교에서 5년 동안 공부하는 동안 대성의 바이올린 실력도 엄청나게 좋아졌다. 이런 소문이 학교에 퍼지게 되자 친구 생일이나 학교 선생님들의 요청으로 바이올린을 연주해줌으로써 주위 사람들로부터 많은 사랑을 받았다. 김대성의 음악성이 알려지자 유명신문사에서 그의 바이올린 연주를 취재하고 싶어 했다. 1933년 11월 11일 숭실학교 대강당에서 음악 발표회가 열렸을 때 대성은 바이올린 2중주에 참가함으로써 조선일보 평양지국이 보도 기사를 실었다. 1933년 11월 23일, 동아일보가 진남포 기독교청년회 (YMCA)가 주최한 숭실학교 음악 발표회를 취재하였으며 여기에서도 대성의 바이올린 연주를 소개하였다. 주요 신문사가 김대성의 음악 활동을 취재한 기사를 숭실대학교 박물관에서 지금도 보관하고 있다.

6. 숭실학교 졸업 후, 배돈병원에서의 의사 수업 (1934-1936)

청년이 된 김대성은 1934년 봄에 숭실학교를 졸업하고 나이 17세에 바로 전문대학으로 가서 공부를 더 할 생각도 있었으나 그 당시 상황은 그럴 수 없었다. 대학에서 학업을 계속하려면 어머님이 보내주시는 학자금만으로는 부족했다. 그런데 대성은 자신을 아들처럼

김대성(숭중 4회, 1934년) 졸업생 관련 기사

1. 「조선일보」, 「숭중주최 음악대회」, 1933. 11. 11

崇實主催
音樂大會

2. 「동아일보」, 「진남포기청주최로 숭중음악회 개최」, 1933. 11. 23

鎭南浦基靑主催로
崇中音樂會開催

二十四일 진남포광회당서
本報南浦讀者優待

김대성 숭실중학생 바이올린 연주기사

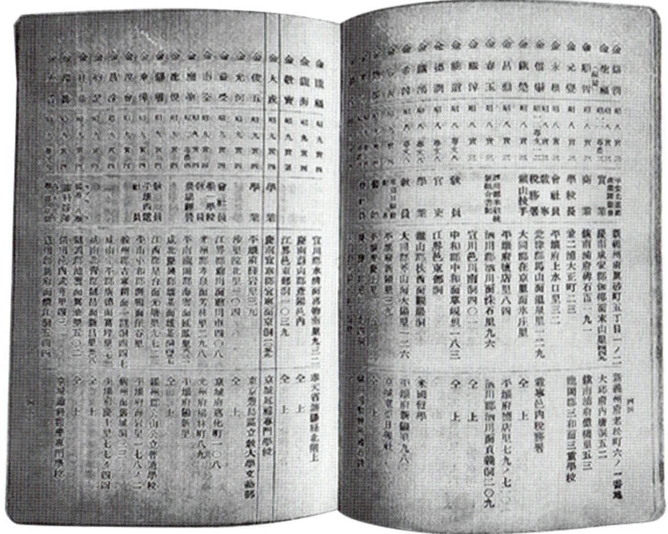

김대성의 5년제 평양숭실중학교 졸업 (1934)

보살피고 바이올린 연주를 할 수 있게 한 데이비스 병원장으로부터 숭실학교 졸업을 축하해주면서 다음과 같은 제의를 받았을 것이다.

대성 군이 진주 배돈병원에 와서 조수로서 의사들의 수술을 도와주며 틈날 때마다 의학책을 읽고 주요 단어를 외었을 것이며 주일 예배 때, 바이올린으로 찬송을 인도해주면 후에 대학등록금을 낼 수 있게 지원해주겠다는 약속을 대성에게 했을 것이다. 그래서 대성은 여기에 동의하고 감사하는 마음으로 1934년 평양을 떠나 어머니가 계신 진주 배돈병원으로 곧바로 내려가기로 했다. 대성 부친이 남겨놓은 사진을 보면 학교 교복이나 입고 있는 흰 가운에는 언제나 상의 주머니에 만년필 한두 개를 꼽고 있었다.

1934년 봄, 숭실학교를 졸업하고 진주에 내려온 김대성은 새로운 변화를 겪게 되었다. 대지안(代至安) 병원장의 교육과 지도를 받아 배돈병원에서 환자를 보살피는 일을 시작한 것이다. 그리고 매크라렌 교수를 가끔 만날 수 있었다. 매크라렌 교수는 1923년부터 1939년까지 서울 세브란스병원과 세브란스연합의학교(Severance Union Medical College)의 신경-정신과 주임교수로 일하면서도 매크라렌 의사는 자주 서울에서 진주 배돈병원에 찾아와 환자를 돌보기도 하였다.

김대성은 당시 영어로 발행된 의학 사전에서 환자의 병명과 처방을 찾아내는 일, 그리고 수술실에서 의사들을 돕는 인턴 역할을 했다. 그때부터 대성 청년은 병원에서 입고 있는 흰 가운 (gown) 주머니에 항상 메모를 위한 수첩과 만년필 한두 개를 꼽고 있었다. 병원 밖에서도 상의(上衣) 주머니에 수첩과 만년필을 항상 가지고 다녔다. 대성은 장래에 의사가 되기 위하여 그때부터 맹훈련을 받은 것이었다. 대성 청년은 그런 식으로 꼬박 3년 동안 의사가 되는 훈련을 받았다.

한편 매크라렌 의사도 김대성을 아들 이상으로 보호하고 사랑했다. 1917년 3월 11일 태어난 김대성 아기는 호주에서 파송된 간호원과 매크라렌 의사의 도움을 많이 받았다. 매크라렌 의사는 1차대전이 끝난 후 1920년에 다시 배돈 병원으로 돌아왔으며 1922년까지 환자치료와 선교활동에 전념하였다. 대성 아기가 6세로 자랄 때까지 배돈병원에서 매크라렌 의사는 대성을 아들처럼 사랑했다. 그 후 매크라렌 교수 부부는 서울에서 맹아 소녀를 포함하여 가난한 세 소녀를 양녀로 삼아 그들에게 교육의 기회를 주었다. 그리고 1923년부터 1939년까지 서울 세브란스병원에서 환자치료와 선교활동을 하였으며 세브란스병원에서 학생들을 가르치고 의사들을 배양했다.

매크라렌 교수가 서울 세브란스병원에서 전임 교수로 활동하였으나 때때로 틈을 내어 진주 배돈병원으로 내려와서 어려운 병을 고치기도 했다. 매크라렌 교수는 특이한 병을 발견하거나 새로운 치료법을 알게 되면 이를 학술지에 출판함으로써 세계적으로 명성을 날렸다. 그의 명성으로 한때, 매크라렌 교수는 차후 소개될 것이지만 세브란스병원을 이끌고 가는 리더 역할을 하기도 했다.

1937년 봄학기가 끝나고 방학중에 김대성은 진주 배돈병원에 다니러 갔다. Edgar 간호원이 정식으로 수간호원이 되었으며 김대성도 연희전문학교에서 학생신분을 갖추었으나 동시에 세브란스 병원에서 매크라렌 교수의 조수가 되었다. 이때 김대성은 유일하게 교복을 입은채로 배돈병원의 직원에 합류하여 사진을 찍었다.

테일러 의사, 박영우 의사, 진 데이비스, 간호사 나피어, 에드거, 1934년
왼쪽에서 세번째 흰가운을 입고 서있는 사람이 김대성 의사.

(나피어 양이 요양목적으로 배돈병원을 떠나기 전 그녀 옆에 앉은
에드거 양이 수간호사 역할을 맡게 됨)

연희전문대 시절, 정동교회 음악친구들,
앞줄 오른쪽에 앉아있는 학생이 연희전문대 학생 김대성

1937년 배돈 병원 직원과 오른쪽에서 두번째 앉아있는 데이비스 병원장은
수간호원 Edgar와 연희전문대학의 교복을 입은 김대성을 환영.

Underwood 연희전문학교장
동상아래서 다른친구와 같이 1939년 3월
졸업기념 사진을 찍음

박동규와 산행

박동규와 김대성

7. 연희전문학교 시절 (1937-1939)에 만난 친구 박동규(朴東奎)

4월 연희전문학교의 입학허가를 받아 京城(서울)으로 상경하였다. 1937년 봄학기가 끝나고 방학중에 김대성은 진주 배돈병원에 다니러갔다. Edgar 간호원이 정식으로 수간호원이 되었으며 김대성도 연희전문학교에서 학생신분을 갖추었으나 동시에 세브란스 병원에서 매크라렌 교수의 조수가 되었다. 이때 김대성은 유일하게 교복을 입은채로 배돈병원의 직원에 합류하여 사진을 찍었다.

김대성은 연희전문학교에서 1939년 문과(Literature) 학위를 받고 졸업했다. 여기서 대성은 연희전문학교에서 평생의 귀중한 친구 박동규(朴東奎)를 만났다. 박동규는 경남 함안 출신으로 연희전문학교 상과(商科, Commerce) 학생이었고 김대성은 경남 진주 출신 문과(文科. Literature) 학생이었다. 진주와 함안은 경상남도에서 거리상 비교적 가깝다. 박동규 학생과 김대성 학생이 처음 만났을 때 박동규에게 김대성은 다소 특이한 사람으로 보였을 것이나 그 당시 자라온 자신의 배경과 향후 계획을 서로 얘기하면서 두 사람은 금방 좋은 친구가 되었다.

두 학생은 다른 학생처럼 학교 근처 하숙집에서 살지 않고 학교에서 멀지 않으며 그 당시 세브란스 병원에서 가깝고 조용한 작은 집을 빌려서 거기서 같이 지내기로 했다. 왜냐하면 대성 학생은 낮에는 문과 과목을 수강하였으나 세브란스 병원에 출근해야 하기 때문이었다. 그래서 집세는 김대성 학생이 전담하기로 했다. (1904년 9월에 준공된 세브란스병원 사진) 그리고 주말에는 바이올린 연습 시간을 갖기 위해서였다. 박동규는 김대성에게 상학과(商學科) 과목의 일부를 가르쳐 주었고 김대성은 박동규에게 영어 과목 공부에 도움을 주었다. 그때 당시 연희전문학교 학생들은 전공 분야와 별도로 다수의 영어 과목을 수강해야 했다.

그는 2년 후 1939년 봄에 대성과 동규 두 사람은 연희전문학교에서 나란히 졸업장을 받았으며 같이 사진도 많이 찍었다. 대성의 모친은 연희전문학교를 졸업하는 대견스러운 아들을 축하해주기 위하여 멀리 진주에서 서울로 오셨다. 졸업식이 끝나고 각자 사진 찍는 시간이 되자, 대성 아들이 어머니께 감사의 뜻으로 졸업장을 안겨드렸다. 그러자 옆에 서 있던 박동규 학생도, "어머님, 제 졸업장도 받으세요!" 라고 하여 여러 사람이 즐겁게 웃었다고 이재령 할머니는 손자인 나에게 그때 일을 얘기해 주셨다. 그때 일이 생각 날 때마다 할머니는 미소를 지으셨으나 곧 자신보다 먼저 세상을 떠난 의사 아들, 대성을 생각하며 눈물을 흘리셨다.

1950년 6.25일 북한의 침략으로 한반도에 3년간의 전쟁이 있었다. 전쟁 중 대성 의사는 많은 부상자를 치료해주었으나 불행하게도 환자로부터 병을 얻어 1953년 3월 6일 37세 나이로 자신의 모친보다 훨씬 먼저 하늘나라로 갔다.

친구 박동규는 1939년 연희전문학교를 졸업하고 고향인 함안으로 내려가서 농업금융 분야에서 활동했다. 그 후 그는 금융계에 투신하여 1961년 농업은행 총재를 거쳐 중소기업은행 행장을 지낸 다음 1963년 산업은행 총재를 역임하였다. 제3공화국 출범 후인 1963-1964 기간 재무부 장관을 지냈다. 1967-1973 연세대학교 동문회장, 1975년 한국개발리스 대표이사를 지냈다. 친구 박동규는 젊었을 때 김대성과의 우정을 생각하고 대성의 자손들이 어려울 때 크게 도움을 줌으로써 친구 대성의 집안이 다시 일어나게 해 주었다.

8. 일본의 1939년 의사 시험에 합격한 김대성

김대성은 1934년 봄, 숭실학교를 졸업하고 진주에 내려와 3년 동안 배돈 병원에서 의학을 공부하고 의술을 배우기 시작했다. 그는 언제나 상의와 병원 가운 주머니에 만년필과 노트를 가지고 다녔다. 의학용어의 영어와 일어 단어를 외우려는 목적 때문이었다. 1937년 연희전문학교 문과에 입학하여 1939년 졸업했다. 김대성은 배돈병원에서 1934-36년 기간 동안 의사 수련을 받았으며 연희전문학교 재학 시절인 1937-1939 기간에도 매크라렌 교수 밑에서 조수 역할을 했다. 그 덕분에 1939년 후반에 일본 정부가 관장하는 의사 시험에 쉽게 합격할 수 있었다.

그 당시 일본은 이미 청일전쟁(1894-1895)과 노일전쟁(1904-1905)에서 승전국이 되었으며 이를 계기로 앞으로 아시아 전역과 태평양 연안국들까지 점령할 계획을 하고 있었다. 따라서 일본당국은 향후 전쟁 중 부상한 일본군을 치료할 의사가 아주 많이 필요했다. 그러나 일본당국이 실시하는 의사 시험에 합격하려면 응시자는 반드시 일본어를 알아야 했다.

앞에서 언급되었듯이 세브란스병원의 요청과 호주장로회선교부의 허락으로 매크라렌 (마라연) 의사는 1913년부터 1년 중 3개월은 서울 세브란스병원에서 치료를 담당하였으며 1923년부터는 1년 4계절 모두, 낮에는 환자치료, 저녁에는 세브란스연합의과대학에서 안과, 소아과, 심리학과 학생들을 가르쳤다.

1937년부터 대성은 연희전문학교에서 문과 공부를 하였으나 때를 같이하여 배돈병원에서 오랫동안 대지안 여의사로부터 배운 소아과 그리고 내과 관련 의술을 익혔으며, 마라연 의사의 지도하에 구체적으로 안과, 내과, 정신과 치료 의술 등을 배웠다.

9. 조선 정부의 제중원과 세브란스병원의 관계

우리나라 조선 후기에는 4차례 큰 규모의 서양 종교인 천주교 박해가 있었다. 1791년 신해박해(辛亥迫害), 1801년 신유박해(辛酉迫害), 1839년 기해박해(己亥迫害), 1866년 병인박해(丙寅박해)인데 이중 병인박해 때 24명이 순교함으로써 순교자 수가 가장 많았다. 1846년에 있은 병오박해(丙午迫害)는 순교 당한 사람이 많지 않았다. 그러나 한국 최초의 사제, 김대건 신부가 순교한 사건이라서 다른 박해와 급을 같이 한다. 그러나 조선 말기, 일제강점기에 들어가기 직전, 조선 정부는 서양 선교사를 용인하기 시작했으며 의사이거나 외교관이면서 선교활동을 하는 서양인에겐 매우 우호적이었다.

일제강점기에 활동한 한국인 의사들은 주로 서양 의사들로부터 의술을 배웠다, 그 당시 조선에 온 서양 의사들은 주로 미국, 캐나다, 호주로부터 파송되었으며 그들은 장로회 교단과 감리회 교단의 선교 목적을 띠고 있었다. 과거 이 시대에 서양에서 온 의사들은 초기에는 외교관 신분으로 파송되었으나 후에는 선교사 신분으로도 올 수 있었다. 그러나 의사라야만 쉽게 조선에 입국할 수 있었다. 조선에 최초로 들어온 병원이 미국에서 온 세브란스 병원이었다. 그런데 초기 세브란스병원은 조선 정부의 제중원과 관계가 깊다.

조선 정부가 1885년 4월 14일 처음으로 서양식 병원을 설립하여 광혜원(廣惠院)이라고 이름 지었다. 광혜원은 '은혜를 널리 베푸는 집'을 뜻하는데 열흘 후 제중원(濟衆院)으로 바꾸었다. 제중원의 뜻은 '백성을 구제하는 집'이다. 1886년에 세워진 제중원은 지금의 을지로 입구 하나은행 본점 자리 근처에 있었다.

제중원의 설립에 가장 큰 공헌을 한 사람은 미국의 외교관이자 의사인 호러스 뉴턴 알렌(Horace Newton Allen:1858.4-1932.12)이었다. 그는 1884년 갑신정변 당시 심한 상처를 입은 민영익을 치료함으로써 서양 의술의 효과를 고종 황제가 확실하게 알게 해 주었다. 이를 계기로 알렌은 고종에게 병원설립 안을 제출할 수 있었으며 이로써 그는 제중원의 초대 의사로 부임할 수 있었다.

제중원의 설립과 관련해서 1894년 동학 농민 전쟁, 청일전쟁, 일본의 경복궁 점령, 갑오개혁 등으로 조선은 총체적 난국에 빠졌다. 이때 일본이 제중원을 빼앗으려 하자, 고종과 정부는 의료선교사 Avison의 요청으로 제중원 소유권은 조선이 보유하되 운영권은 미국 북장로회선교부로 이관하였다. 이관 후, 날이 갈수록 환자 수가 늘어났기 때문에 병원 확장이 필요하였다. 이에 Oliver Avison 선교사는 1899년 미국인 사업가 Severance로부터 거액의 기금을 기증받아 세브란스병원을 지금의 서울역 앞에 신축하고 1904년에 완공했다. 기존에 사용하던 제중원의 건물과 대지는 1905년 4월에 완전히 조선 정부에 반환되었다.

그 후 미국인 의사 윌리엄 스크랜턴(William Scranton:1856-1922), 미국인 의사 존 헤론(John Heron:1856.6-1890.7), 캐나다 온타리오 출신인 로버트 하디 (Robert Hardie:1865-1949) 의사, 미국인 의사 캐드 월러더 빈턴 (Cadwallader Vinton:1856-

1936), 캐나다 감리교 선교부에서 파송된 올리버 에이비슨(Oliver Avison:1860.6-1956.8) 의사, 호주 장로교 선교부에서 파송된 찰스 매크라렌(Charles McLaren:1882.8-1957.10)의사 등의 의료 선교사들이 차례로 부임하여 제중원을 찾아오는 환자들을 진료했다.

10. SUMC의 주임교수 매크라렌과 그의 조수 김대성

여기서 소개된 매크라렌 의사는 1913년부터 1917년까지 서양식으로 신축된 배돈병원에서 환자를 치료했던 분이며 1923부터 1939년까지 세브란스병원에서 환자를 치료하며 동시에 세브란스병원에 소속된 세브란스연합의학교(Severance Union Medical College)의 신경/정신과 주임교수로 강의를 맡았다.

"1886년 설립된 제중원 의학교는 1913년 기독교 각 선교회가 연합으로 운영하는 연합의학교로 성장해나갔다. 이 과정은 1884년 선교부가 Allen 의사를 파견하면서 이루고자 했던 기독교 복음의 전파라는 목표가 현실화하는 과정이었고, 그 목표가 단순한 복음 전도에서 나아가 기독의 배출이라는 새로운 단계로 발전해가는 과정이었다." 제중원 의학교의 성장과 선교 의학 특집 논문 17페이지에서 인용.

이 기간에 김대성은 연희전문학교 재학생이면서 동시에 세브란스 병원에서 매크라렌 교수의 조수가 되었으며 대성 군은 그로부터 여러 분야에 걸쳐 의학 이론과 의술을 터득할 수 있었다. 김대성은 1939년 후반기 일본 보건당국이 실시하는 의사 시험에 합격하여 의사가 되었으며 신의주의 한 병원에 전임 의사로 가게 되었다.

김대성 의사가 신의주 병원을 찾게 된 것은 여러 가지 이유가 있었다. 첫째 신의주는 일본 정부가 정책적으로 만든 新 도시이었으므로 많은 인구가 모여들 것임. 둘째 중국과 접경하고 있으므로 국가 간 무역거래가 빠르게 확대되어 경제 사정이 좋아질 것임. 셋째, 신의주는 중국의 上海와 같은 국제도시이므로 외국인이 많이 살게 될 것이며 영어를 잘 구사하는 의사가 예우를 받을 것임. 넷째, 신의주에는 이미 규모가 큰 한인교회가 많으므로 교회에서 찬양하는 사람과 악기 연주자가 많이 모일 것임.

그러나 한 가지 서운한 것은 신의주에 가면 매크라렌 교수와 같이 믿음 좋고, 실력 있고, 의지할 수 있는 의사가 별로 많지 않을 것으로 생각했을 것이다. 그런데 김대성 의사가 떠난 바로 다음 해 1940년 초, 매크라렌 교수는 "신사참배와 일본 천황이 있는 일본의 동쪽을 향해 절하는 동방요배는 '우상숭배'이므로 이를 강력히 반대한다!"라고 주장함으로써 결국 일본 정부에 의해 탄압을 받아 1941년 한국을 떠났다는 소식을 듣고 김대성 의사는 며칠 밤을 못 자고 눈물을 많이 흘렸을 것이다.

1939년 가을, 배돈병원에서 한국인 의사와 간호부 기숙사 사감(이재령 여사), 이현속 원목(병원에서 예배와 기도를 담당하는 목사), 전도부인, 간호원, 직원 등이 모여서 대지안 의사의 귀국을 앞두고 사진을 찍어 호주장로회 선교부에 보냈다. 이 사진을 통하여 몇 년이 지나 이현속 장로가 순교했다는 소식을 듣고 이재령(이은바) 여사를 포함하여 사진을 같이 찍은 많은 수의 병원 직원들이 이현속 장로의 죽음을 슬퍼하였다고 한다.

1939년 배돈병원 직원

11. 연희전문학교와 세브란스병원의 관계

김대성 학생이 오랫동안 의학과 의술을 배워 결국 1940년 일본당국의 의사 시험에 합격하여 신의주에 의사로 진출한 경과를 이해하려면 연희전문학교와 세브란스병원의 관계를 알 필요가 있다.

연희전문학교는 1915년 3월 미국북장로교 선교부의 협조와 남북감리교선교부, 캐나다장로교선교부의 협력을 얻어 조선 기독교 학교를 서울 종로의 YMCA에서 개교하였다. 초대 교장에 호러스 그랜트 언더우드 선교사와 부 교장에 에비슨 박사가 취임하였다. 사립학교로서 1917년 4월 발족하였다. 같은 해, 언더우드 선교사의 형님인 존 언더우드 (John T. Underwood) 박사의 기부금으로 경기도 고양 군 연희면 (현재 연세대학교 부지)의 19만 평을 매입하였다. 그리고 1919년 3월 연희전문학교 1회 졸업생을 배출하였다.

1926년 연희전문학교와 세브란스 의학전문학교의 합동에 대한 의견이 피력되었으나 일제의 간섭으로 진전되지 못했다. 1944년 4월 연희전문학교는 적국재산(敵産)이라는 명목으로 몰수되었으며 조선총독부의 관리하에서 조선인 간부와 교수진이 추방되었다. 그리고 학교명도 경성 '공업 경영전문학교'로 변경되었다. 1945년 8월 15일 해방 이후 재산과 운영권을 미군정청으로부터 인수하여 교명을 연희전문학교로 회복하고 1946년 8월 15일 연희대학교 (Chosun Christian University)로 승격되어 4 학원(文學院, 商學院, 理學院, 神學院)의 종합대학교로 인가되었다.

1949년 세브란스의과대학 예과를 연희대학교에 두었으며 1950년 대학원을 신설하였다. 1953년 대학원에 의학과 석사과정을 설

[1957 연세대 세브란스의과대학이 발족되기 이전의 역사]

1885. 4.10 한성 북부 재동(홍영식 구가)에 광혜원(廣惠院)창설

1885. 4.26 광혜원을 제중원(濟衆院)으로 개칭

1886. 3.29 제중원의학교 개교

1895. 10 에비슨과 빈튼이 제중원에서 의학교육 실시

1908. 6.3 세브란스병원의학교 제 1회 졸업생 7명 배출(한국 최초의 의사면허증 발급)

1909. 7 세브란스병원의학교를 대한제국 학부에서 인가

1913. 6 세브란스연합의학교(Severance Union Medical College)로 개칭

1917. 5.14 세브란스연합의학전문학교(Severance Union Medical College) 인가

1933. 8.31 영문 의학잡지 The Journal of Severance Union Medical College 창간

1934. 4.10 일본 문부성 지정 학교가 됨

1942. 1.31 아사히 의학전문학교 및 부속병원으로 강제 개칭

1945. 8.15 해방과 함께 세브란스의학전문학교 및 부속세브란스병원으로 명칭 환원

1947. 7. 5 세브란스의학대학으로 승격

1948. 7.14 제1회 의예과생 수료 및 제1회 의학부 발족

1951. 1.25 전시교육령에 따라 전시연합대학에 편입

1953. 3. 1 대학원 의학과 신설

1957. 1. 5 연희대학교와 세브란스의과대학 합동

치하였고 1955년에 세브란스의과대학과 연희대학교의 이사회는 재단법인 연세대학교를 구성하는 데 합의하였고 1956년에 재단법인을 세움으로써 연세대학교로 바뀌었다.

12. 신의주 제1 교회 성가대 지휘자, 김대성 의사의 활약

역사적 기록에 의하면 아이로니컬하게도 1910년 8월 일본인 기독교회가 평안북도 신의주에서 제일 먼저 생겼다. 일본 정부가 의도적으로 중국을 향한 교두보를 만들기 위하여 중국과 가장 가까운 신의주에 일본인 집단 거주지역을 만들었다. 그리고 일본인 거주지역에 사는 일본인 기독교인을 위하여 교회를 먼저 세웠다. 일본인보다 1년 늦은 1911년 12월, 신의주에 조선인을 위한 교회가 설립되었다. 신의주 제1 교회의 첫 교역자는 장덕로(張德魯) 목사였다. 장 목사에 이어 한석진(韓錫晋) 목사, 그 후에 윤하영(尹河英) 목사가 담임하였다. 신의주 제1 교회가 폭발적으로 성장하여 교세가 비대해지자 교회를 분리하기로 결정되었다. 1923년 12월에 분리된 교회가 신의주 제2 교회이었다. 그리고 계속 분리되어 신의주에는 제5 교회까지 있었다.

윤하영 목사는 평안북도 의주 군 출신이었다. 청년 윤하영은 인근 지역인 선천 郡에서 선교활동을 하고 있던 미국북장로교 소속 선교사, 남행리의 전도로 기독교에 입문했다. 그는 선천성경학원을 거쳐 1916년 평양신학교에 입학했다. 의주로 돌아와 만세운동에 참가한 일로 체포되어 평양 감옥에서 1년 6개월 동안 복역했다. 출옥 후 평양신학교에 복학하여 1921년 졸업했으며 1929년 신의주 제1 교회에 부임했다.

김대성 의사가 1940년 초에 세브란스병원을 떠나 신의주병원으로 생활 터전을 옮겼을 때 그는 아직도 24세의 젊은 나이였다. 김대성은 1945년 조선이 해방되기까지 6만 명 이상의 조선인이 사는 신의주에서 아프고 다친 사람을 고쳐주는 일을 했다. 그리고 주일마다 신의주 제1 교회에서 성가대 지휘자로 봉사했으며 주기적으로 찬송가와 서양음악을 자신의 바이올린으로 연주하기도 하였다.

16세의 김대성 소년이 평양숭실학교 학생 시절 (1933년 11월 11일 조선일보 취재기자와 11월 23일 동아일보 취재기자)에 YMCA 주최 음악회 때 발표한 바이올린 연주를 보도한 조선일보사 기자, 그리고 숭실학교 대강당 음악회에서 발표한 바이올린 연주를 보도한 동아일보기자보다 더 세련되고 더 정확하게 연주자의 실력을 꿰뚫어 보는 특별한 여인이 신의주 제1 교회에 있었다. 그이가 바로 이정신(李貞信) 여인이었다.

13. 지휘자 김대성과 피아니스트 이정신과의 결혼

이정신은 1924년 신의주에서 태어났다. 그녀는 형제 남매 중 막내로서 위로 네 분의 오빠가 있었다. 그녀의 부친 이희적(李熙迪)은 일제강점기에 일본에서 법률을 공부하고 조국에 돌아와 주로 변호사 직업을 가지고 활동했다. 이정신 양은 신의주에서 고등학교를 졸업하고 18세에 1942년 4월 일본 무사시노 음대(武藏野 音樂學校)에 입학하여 2년간 피아노를 전공하고 1944년 3월 한국에 돌아왔다. 그리고 신의주 제1 교회의 성가대 피아노 반주자 역할을 맡았다. 이로써 21세의 이정신 양은 처음으로 교회에서 28세의 김대성

신의주 제 1교회에서 김대성, 이정신 결혼식.

김대성 의사와 이정신 피아니스트 결혼

지휘자를 만나게 되었다. 일본서 피아노 공부를 마치고 돌아온 이정신 양은, 김대성 지휘자가 성가대 연습 시간에 바이올린을 사용하면서 성가대를 이끌어가는 것을 보고 좋은 감정을 갖게 되었다. 지휘자가 바이올린을 가지고 합창 대원을 연습시킨다는 말은, 일본에서 들은 적이 있었다. 가끔 유럽 지휘자들이 그렇게 한다는 것이었다. 결국 이정신 피아노 반주자는 김대성 지휘자의 매력에 빠졌고 1년 후 1945년 4월 두 사람은 신의주 제1 교회에서 엄숙한 결혼식을 거행하였다. 결혼식이 끝난 후 친지가 함께한 결혼 기념사진은 신의주 제1 교회 정문 앞, 몇 줄 계단에 나누어 서서 찍었다.

14. 1945년 해방과 김대성 의사의 치료 활동

김대성 신혼부부는 매일 매일 바쁜 생활일 수밖에 없었다. 1945년 4월, 사람들 사이에 일본이 곧 패전할 것이라는 소문이 조금씩 퍼지고 있었다. 유럽에선 이미 독일과 이탈리아는 패전한다는 소문이 퍼져있었다. 이런 소문을 들은 김대성 부친과 이정신 모친은 마음이 불안해졌다. 빨리 짐을 싸고 남쪽으로 내려가야 한다는 결심을 하고 짐을 정리하기 시작하였다. 웬만한 짐은 버리기로 하였다. 신의주 사람들은 중국과 가깝게 살고 있어서 유럽전쟁의 상황을 들을 기회가 많았다.

새로운 뉴스를 들을 때마다 히틀러가 이끄는 나치 독일군과 무솔리니가 이끄는 이탈리아군이 전쟁에서 계속 지고 있다는 소식만 들리고 있었다. 거기다가 러시아에 붙어 있던 북한 빨갱이들이 북한을 점령하려는 분위기를 조성하고 있음이 느껴지면서 남한으로 내려가려는 사람들이 보이기 시작하였다. 그래서 대성 부부는 간단한 의료기구와 약품과 함께 긴요한 물건만 챙겨서 자동차를 빌려 타고 먼저 중국으로 가서 그 후 배를 얻어타고 한국의 남쪽 끝에 있는 진해항구에 도착하고자 했다.

후에 안 사실이지만 2차 대전 중, 나치 독일의 아돌프 히틀러는 1945년 4월 30일 부인 에바 브라운과 결혼식을 올린 후 40시간 후에 자살했다. 1945년 5월 8일 독일 대통령인 카를 되니츠(Karl Doenitz)가 1945년 5월 8일 연합군에 항복하였다. 이탈리아 독재자 무솔리니는 1945년 4월 28일 이탈리아 빨치산에게 처형당했다. 일본 만 여전히 태평양 전쟁을 계속하면서 시간을 끌고 있었다. 결국 일본의 2개 주요 도시 — 히로시마와 나가사키-- 미국의 원자폭탄을 맞고 없어지게 되자 1945년 8월 15일, 일본 왕이 '무조건 항복'을 선언함으로써 2차 세계대전이 종식되었다. 김대성 부부는 1945년 6월에 항구도시인 진해로 내려갔다. 이때 필자의 외할아버지와 외할머니도 같이 진해에서 모일 수 있었다.

무사시노 음대시절 음악연구회 멤버들

무사시노 음대 피아노과 학생들과 교수님

제 3 부

김인철 경제학 교수의 교육 및 사회활동

필자 김 인 철

김인철 교수의 교육 및 사회활동

1. 김인철의 출생과 성장

김인철(金仁哲)은 1948년 10월 22일 서울 동대문에서 가까운 지금의 종로 5가 혜화로 근처에서 태어났으며 부친 김대성(金大成)과 모친 이정신(李貞信)의 독자이다. 김인철의 부모는 1945년 해방 직전에 평북 신의주를 떠나 경남 진해에 내려와 병원을 차렸으며 모친 가족들은 서울에 안주하여 외조부 이희적(李熙迪) 변호사의 울타리 안에 있었다.

외아들 김인철은 위로 김옥은, 김미언 두 누님과 아래로 김은경 동생이 있다. 1948년 10월 해산을 수개월 앞두고 친정어머님이 계신 서울에 와 있었다. 마침 바로 위 오빠인 이만갑(李萬甲) 교수가 결혼한다고 하여 서울에서 친정어머니와 시간을 많이 가질 수 있었다. 오랜만에 평화스러우면서 활동적인 서울 생활을 관찰할 수 있었으며 萬甲 오빠의 결혼식에도 참석할 수 있어서 매우 행복해하셨다.

이희적 씨의 막내아들 이만갑 외삼촌은 1949년 2월 28세 때 서울 덕수궁 안에 있는 석조전 앞에서 결혼식을 올렸다. 맨 뒷줄 가운데

이희적(李熙迪, 1888년 8월생)은 일제강점기의 관료 겸 법조인으로 본적은 평안북도 신의주부 영정이다.

생애: 1908년 태극학회와 서우학회 회원으로 활동했으며, 1909년부터 1910년까지 대한흥학회 회원과 간사, 출판부장을 역임했다. 1914년 일본 메이지대학 법과를 졸업했으며, 1916년 1월 26일 조선총독부 재판소 서기 겸 통역생으로 선임되었다. 1918년 12월 16일 대구지방법원 경주지청 판사, 1919년 10월 28일 평양지방법원 신의주지청 판사로 각각 선임되었으며, 1922년 8월 17일 신의주지방법원 검사국에 변호사로 등록했다. 1923년 3월 조선민립대학기성회 발기인, 조선민립대학 신의주지부 집행위원회 위원장을 역임했다.

1925년 신의주금융조합 감사, 1926년 평안북도 신의주변호사회 부회장을 역임했으며, 1926년 11월 20일부터 1943년 5월까지 신의주부 부협의회원과 부회의원을 역임했다. 1931년 신의주금융조합 조합장, 1933년부터 1935년까지 신의주산업조합 조합장을 겸임했으며, 1934년 11월 20일 평안북도 관선 도회의원으로 선출되었다. 1936년 6월 3일부터 1939년 6월 2일까지 조선총독부 중추원 참의를 역임했으며, 1937년 4월 12일부터 1942년 2월 12일까지 신의주보호관찰심사회 위원을 역임했다.

한복 두루마기를 입으시고 아기를 안고 있는 분이 외조부이시고 안겨 있는 여아는 필자의 두 살 위 미언(美彦) 누나이다. 이만갑 신랑, 왼쪽으로 세 번째 여자분이 필자의 생모이시다. 날씨는 좀 추웠으나 서울 친정집에서 4개월 전에 아들을 순산하고 기쁜 마음으로 막내 오빠의 결혼식에 참석하셨다. 그 아들이 바로 필자이며 오른쪽 끝에 서 계시는 외할머니 등에 업혀있다. 이만갑 삼촌의 결혼식 사진을 보면 그때의 분위기를 쉽게 느낄 수 있다. 외조부님은 맨 뒷줄에서 세 살 난 미언 누나를 안고 환한 웃음을 짓고 있으며 외조모님은 4개월 된 무거운 김인철 아기를 업고서도 힘있게 서 계셨다. 이후에도 우리가 어려울 때, 이만갑 외숙부께서 우리에게 많은 도움을 주셨다.

이정신 모친이 1942년, 일본 무사시노(武藏野) 음악학원에서 피아노 전공으로 2년 동안 일본 유학을 했는데 만갑 오빠는 이미 일본 도쿄대학에서 공부하고 있었으므로 이정신 여동생은 만갑 오빠의 도움을 많이 받았다. 주말에 오빠에게 가면 이것저것 많은 것을 사 주었기 때문에 주말을 여유 있게 보냈다는 이야기를 많이 들었다. 이것을 지켜보신 외조부님은 매우 기뻐하셨다.

2. 이희적 외조부님의 영향

김인철의 원래 이름은 김일선(金一善)으로 이희적(李熙迪) 외할아버지(外祖父)께서 지어주셨다. 그러나 아주 어릴 때 동네 아이들이 "김일성"이라고 놀려대길래 이름을 "김인철"로 개명했다. 외조부는 신의주 출신으로 일제강점기에 경주에서 2년간 판사로 재

이만갑 교수(넷째 외삼촌) 결혼사진

임하시고 후에는 변호사 활동을 하셨다.

1945년 해방을 맞게 되자 외할아버지는 남한으로 내려와, 서울, 진해, 경주에서 사시다가 1954년에 돌아가셨다. 그분은 슬하에 4남 1녀를 두셨는데 막내딸, 이정신 씨가 나의 생모이다. 첫째 외삼촌 이만영(李萬榮) 씨는 목사, 둘째 외삼촌 이만준(李萬俊) 씨는 정신과 의사, 셋째 외삼촌 이만걸(李萬傑) 씨는 배재학당과 연희전문학교 출신으로 국가대표 테니스 선수이셨고, 넷째 외삼촌 이만갑(李萬甲) 씨는 서울대학교 사회학과 교수이셨으며 지금은 모두 별세하셨다.

1951년 화창한 봄 어느 날, 이희적 외할아버지께서 "오늘은 매우 기쁜 날이니 사진을 찍어야 해"라고 하셨다. 이희적 외할아버지는 둘째 아들, 이만준 의사의 큰아들 이제민(李濟民) 손자가 해군사관학교 생도가 된 것을 무척 기뻐하셨다. 맨 뒷줄 가운데 중절모를 쓰신 분이 필자의 외조부, 오른쪽에 서 계신 부부가 필자의 부모님이다. 모자와 제복을 입은 두 청년 중 왼쪽에 앉은 청년이 손자 이제민이고 오른쪽 청년이 이제민 생도의 동기생이다. 왼쪽 줄 끝에 제복 입고 앉은 사람은 교관이었다. 교관 무릎에 있는 아동은 1943년생으로 이름은 이훈민인데 필자의 외사촌 형님이시다. 뒷줄 왼쪽 끝에 서 계신 이만준 의사의 8세 난 막내이었으며 아직도 생존해 있다.

1952년 11월 늦가을 이희적 외조부님은 부인과 함께 모처럼 예전에 다니던 경주 예배당에 가셨다. 기독교대한감리회 경주 예배당 봉헌식에 참석하기 위해서였다. 늦가을 날씨가 다소 쌀쌀했지만 매

이제민 외사촌 형님의 진해 해군사관학교 1952년 입학사진
중절모를 쓰신 이희적 외조부와 김대성-이정신 부부

우 의미 있는 봉헌식이었다. 왜냐하면 경주는 외조부님께 여러 가지 회상을 가져다주기 때문이다. 외조부님은 1918년 12월, 30세 젊은 나이로 대구지방법원 경주지청 판사로 선임되었다. 그러나 1년쯤 있다가 다시 평양지방법원 신의주 지청 판사로 선임되어 경주를 떠났다. 그러나 해방 후 다시 경주에 내려와 변호사 사무실을 내고 지역 발전을 위해 많은 일을 하셨다.

1952년 5월에 가장 사랑하던 막내딸 이정신이 먼저 세상을 떠난 후부터 외조부는 몸과 마음이 매우 쇠잔해지고 있음을 느끼고 있었다. 그로부터 6개월 후 1952년 11월 2일, 외조부는 외조모와 함께 "기독교 대한 감리회 경주 예배당 봉헌식"에 참석하셨다. 이미 경주 예배당 봉헌을 위해 적지 않은 헌금을 내셨다.

그로부터 4개월 후 1953년 3월 6일, 사위 김대성 의사도 부인 이정신을 따라 세상을 떠나게 되자 외조부님은 더욱 침울해지셨다. 그래서 5살 난 외손자 김인철을 경주로 오게 하여 자신과 같이 있도록 하셨다. 그로부터 1년 반쯤 후, 외조부님도 더 버티지 못하시고 1955년 67세 나이로 세상을 떠나셨다.

3. 金大成 의사의 진해병원 설립 배경

해방 직후 북에서 내려온 외가 식구와 친척들은 거의 모두 서울에서 살았다. 사위가 되는 김대성 의사는 진해에서 병원을 운영하고 있어서 서울에는 가끔 들리는 정도이었다. 부친께서 진해에 병원을 세운 데는 이유가 있었다. 역사적으로 진해에는 바다를 지키는 해군기지가 있었다. 일본군이 물러난 후에는 당연히 미군이 진

1952년 11월, 이희적 외조부님께서 경주예배당 봉헌식에 참석하심.

1953년 봄 부친께서 대성의원 입간판을 배경에 두고 병원 앞에서

김대성 부친께서 미 해군으로부터 임차 사용한 병원 구급차

해에 들어와 해군기지를 구축하였다. 부친이 해방 후 서울이 아닌 진해에서 개원한 주된 이유는 4가지였다: (1) 진해에는 병원이 없었고, (2) 미 해군을 통해 필요한 약을 쉽게 얻을 수 있고, (3) 첨단 치료기 사용이 가능하고, (4) 유능한 미해군의사와 대화할 수 있기 때문이었다.

미국 군인이 파견된 곳에는 어디든지 유능한 의사와 병원이 있다. 구급차가 있고 구급 헬리콥터도 있다. 대성 의사가 진해에 병원을 개업한 후 제일 먼저 한 일은 진해에 파견된 미 해군 장성을 찾아갔다. 자신의 신분과 의사 경력을 설명한 후, 준비해 간 쌍방 합의서 초안을 보여주었다. 내용 중에는 "미 해군 중 응급환자가 생기는 경우 원하면 대성 의사가 진단 치료한다. 그 대신 필요한 약품과 치료기구, 그리고 미군 구급차를 제공한다." 그이는 당장 "Okay!" 하고 즉석에서 쌍방 합의서를 만들어 거기에 양측이 서명했다.

이렇게 빨리 해결될 수 있었던 이유는 무엇보다도 김대성 의사의 완벽한 영어구사력이 큰 몫을 하였다. 김 의사는 3-4세 나이에 배돈병원장 데이비스 의사로부터 영어를 배웠으니 그의 영어는 정말 뚜렷하게 들렸을 것이다. 며칠 후 미군 구급차 1대가 대성의원 건물 앞에 와 있었다. 내가 지금도, 그때 본 미군용 구급차 모습을 기억한다. 1970년대 (정확히 1972.9.17 – 1983.2.28.) 미국 CBS가 TV 시리즈 "M*A*S*H*"를 방영했는데 거기에 나오는 미국 군용 구급차와 똑같은 모델이었다.

4. 金大成 부친의 오랜 친구 朴東奎 씨의 도움

박동규(1916.10.18 – 1985.7.22.) 씨는 부친 김대성(1917.4 –

1953.3.6)의 유일한 친구였다. 제2부에서 필자가 서술하였지만 김대성과 박동규는 연희전문학교 재학생 시절에 만났으며 두 사람은 세상에 둘도 없는 친구가 되었다. 박동규 씨는 연희전문학교 商科를 졸업하고 고향 함안으로 돌아가신 후 지역 금융인으로 성장하여 농업은행 총재(1961)와 산업은행 총재(1963), 그리고 중소기업은행 행장과 재무부 장관(1963-64)을 역임하였다.

김대성과 박동규 두 친구가 1939년 봄에 연희전문학교를 졸업하고 1945년 8월 해방이 될 때까지 각자 자신의 전문분야에서 활동했다. 김대성은 의사가 되어 신의주로 갔고, 박동규는 경남지역에서 금융 전문가가 되어 지역 금융을 발전시켰다. 1950-53년 전쟁 기간에 김대성 의사는 진해에서 환자를 돌보다가 환자로부터 병을 얻어 1953년 3월 6일, 36세에 세상을 떠났다. 박동규 금융 전문가는 1961년 박정희 대통령 집권 때부터 여러 금융기관장을 역임하였으며 1985년 7월, 68세에 세상을 떠났다.

1953년 3월 김대성 의사가 사망한 후 남은 5인 가족은 병원 재산을 팔아 10년은 살 수 있었다. 그러나 그 이상은 생활하기가 어려웠다. 그때 마침 부친의 친구이셨던 박동규 중소기업은행 행장께서 필자의 큰누나를 은행장 비서로 채용하셔서, 우리 가족의 생활 형편이 다소 좋아지기 시작했다. 그리고 나의 배재고등학교 진학 문제도 쉽게 해결되었다. 배재학당은 우리 집안과 인연이 많다. 신의주 출신 이만걸 셋째 외삼촌께서 일제강점기 배재학당 학생 시절에 운동선수로 활약하셨다. 따라서 그의 두 아들, 영철과 영훈, 그리고 필자도 자연스럽게 배재학당 학생이 되었다.

김대성 친구, 박동규의 도움(1910-1985)

5. 배재학당 학생들에게 기독교 신앙을 가르쳐 준 Appen-zeller 교장과 주요 교원

그 당시 청소년으로 배재학당 학생이 한 번 되면 그는 평생 자긍심을 갖게 되는 경향이 있었다. 그만한 이유가 있었기 때문이었다. 첫째, 조선의 고종황제가 학교 이름과 현판을 내려주셨다. 둘째, 세계적으로 앞서가는 선진국인 미국에서 온 훌륭한 선생으로부터 교육을 받게 되었다. 셋째, 조선의 최고 지식인 선생으로부터 신교육을 받게 되었다. 넷째, 자기 목숨을 아끼지 않고 어리고 약한 사람을 보호해 주려는 착한 마음과 행동을 배재학당 학생들은 실제로 보고, 듣고, 그리고 행동하는 것을 배울 수 있었다.

미국 감리교 선교사인 헨리 아펜젤러가 1885년 8월 3일 서울 중구 정동에 배재학당을 세웠다. 그로부터 학생 수가 크게 많아졌으며 그 이듬해 1886년 6월 8일 조선의 高宗은 배양 영재의 줄인 말인 배재학당(培材學堂)이라는 학교 이름과 현판을 선물로 주셨다.

헨리 거하드 아펜젤러 (Henry Gerhard Appenzeller, 1858-1902)는 1885년 조선에 입국하여 활동한 미국 감리회 (북 감리회) 선교사이었으며 한국어 이름은 '아펜설라' 이었다. 그는 암울했던 구한말(舊韓末)에 내한하여 배재학당과 정동교회를 설립하였고 교육과 선교에 힘썼으며 성경 번역에도 크게 이바지했다. 그의 아들은 아버지에 이어 배재학당 교장에 취임하여 교육에 지속적인 헌신을 하였으며 그의 딸 앨리스 리베카 아펜젤러(Alice Rebecca Appenzeller)는 이화학당을 발전시키는 데 크게 이바지했다.

배재학당의 교훈은 "欲爲 大者 (욕위 대자) 當爲 人役 (당위 인

헨리 거하드 아펜젤러(Henry Gerhard Appenzeller)
(1858. 2. 6–1902. 6. 11)

아펜젤러 교장께서 책을 보고 있는 동상앞에서 필자가 서있음(2024년 5월)

배재학당 동관 역사박물관(고3년 7반 때 수업은 주로 여기서)
출입구현관 지붕아래 정면에 欲爲大者 當爲人役 교훈이 새겨져 있음.
과거 이 건물에 있는 교실에서 공부하던 때를 회상하며(2024년 5월)

역)" 이다. 이 교훈의 뜻은 "큰 인물이 되고자 하는 자는 마땅히 남에게 봉사할 줄 알아야 한다." 인데 기독교적인 교훈이다. 강당을 비롯하여 여러 동의 서양식 교실 건물이 지어졌을 때, 건물 입구 돌벽에 "욕위 대자 당위 인역" 의 교훈이 새겨져 있었다. 이 교훈은 마태복음 20장 26절과 27절에서 따온 것인데 "너희 중에 누구든지 크고자 하는 자는 너희를 섬기고 너희 중에 누구든지 으뜸이 되고자 하는 자는 너희의 종이 되어야 하리라." 이다.

아펜젤러 교장은 안타깝게도 한국에 온 지 7년째 되는 1902년 목포 성경 번역자 회의에 참석하러 가는 중 그가 타고 있던 배가 다른 배와 충돌하여 배가 뒤집혀서 물에 빠진 조선 여자아이를 구하려다 44세의 젊은 나이에 목숨을 잃었다. 조선 여자아이를 살리기 위하여 아펜젤러 교장이 대신 죽었다는 사실을 보여주는 액자가 도서관과 대강당 벽에 걸려 있어서 오가는 학생들이 읽고 크게 감동했다.

초기에 배재학당 교원과 선생으로서 이름을 날린 분은 다음과 같다. 저명한 교원은 서재필과 김규식이었으며, 저명한 동문이자 교원은 이승만, 주시경, 김소월, 지청천, 여운형 등이었다. 특히 이승만은 영어 실력이 출중하여 6년동안 옥중에서 영한사전을 만들었으며 대한민국의 건국 대통령이 되셨다.

6. 김인철의 미국 Kent 주립대학 경제학 석사학위 취득과정

내 일생에 내가 가장 바쁘게 그러나 보람있게 보낸 시간은 (1972-1974) 3년 기간이었다. 유학 시험 합격 (국사와 시사 문제 시험), 병역 임무, 그리고 취직 문제를 해결하는 것이었다. 그때만 해도 한국인의 해외 유학은 특별한 사람만 갈 수 있었다. 한국이 가난해서 미국 달러가 필요한 해외 유학은 정부에서 권장하지도 않았으며 자기 집이 좀 잘 살아도 유학가기가 쉽지 않았다. 왜냐하면 한국정부가 국가 유학 시험제도를 두어 한해 유학생 수를 제한하였기 때문이다. 연간 문과 유학생 수는 400명 이상을 넘지 못했다. 이과 유학생은 숫자가 조금 많았다.

본인은 우선 유학 시험에 합격해서 매우 기뻤다. 그러나 병역의무를 지키지 않으면 유학이든 비 유학이든 해외여행은 허용되지 않았다. 구법(舊法)에 따르면 나는 2대 독자라서 법적으로 병역의무가 면제되었다. 그러나 대학을 졸업하기 몇 년 전 병역법이 바뀌어 2대 독자라도 최소한의 병역의무를 해야 했다. 최소한의 훈련은 6개월간 방위병 임무를 수행하는 것이었다.

그 당시 나는 이만갑 외삼촌 댁 식구로 되어 있어서 나의 주민등록지는 성북구 동선동이었다. 내 임무는 육군본부가 성북구에 주소지로 있는 35세 미만의 제대군인을 대상으로 주기적으로 향토방위군을 재훈련하는 일을 돕는 것이었다. 6개월 동안 방위 복을 입고 매일 근무지로 출근하였다.

방위병 임무를 끝내고 현대건설에 입사했다. 1년 반 정도 무교동에 있던 현대건설 기획실에서 근무했다. 국내 단양 시멘트공장 확장을 위해 세계은행(World Bank)에 장기융자를 신청하는 일이었다. 이러는 동안 1973년 겨울, 미국 Ohio 주에 있는 켄트 주립대학(Kent State University)에서 장학금과 함께 입학허가서가 날아왔다. 정말 기뻤다. 1974년 6월에 현대건설을 퇴사하고 출국 준비에 몰입했다. 여권을 신청하고 비행기표를 샀다. 9월 9일 출국 날짜가 정해졌다. 747 KAL 비행기였다. 대한항공이 수입한 지 얼마 되지 않은 최신형 대형 비행기였다.

나는 성균관대 경제학과를 졸업하고 군 복무를 마친 후 미국 유학을 하려고 오랫동안 준비했고 1974년 가을 미국 Ohio 주에 있는 켄트주립대학(Kent State Univ.)에서 경제학 석사 공부를 할 수 있게 되었다. 집에 돈이 많아서 미국에 유학 간 것이 아니었다. 성균관대학교 입학시험에서 전체 수석을 했기 때문에 졸업 후 3년 해외 유학의 자격을 가지게 되었다. 마침 성균관대학 영자(英字) 신문사에서 The Sung Kyun Times 월간신문을 발행하고 있었다. 필자는 영자 신문사 학생기자를 자원하여 여기서 3년 동안 영어 쓰기 훈련을 톡톡히 받았다.

그러나 성균관대학으로부터 유학 지원을 받으려면 대학 4년 동안 전체과목성적이 평균 90점 이상 되어야 했다. 다행히 나의 4년 평균 성적이 100점 만점에서 90.4가 되어 내가 역사상 처음으로 성균관대학의 지원 약속에 따라 미국 유학을 한 셈이다.

유학 가기 전 나와 차임순은 가족들만 참석해서 조촐한 약혼식을 했다. 약혼녀 임순은 같이 나가던 교회에서 오랫동안 피아노 반주자로 봉사했다. 85여년 전 필자의 부모님이 그러셨듯이 50여년 전 필자는 성가대 지휘자로서, 약혼녀 차임순은 피아노 반주자로서 같은 교회에서 봉사했다. 이렇듯 우리 두 사람은 자연스럽게 만나 약혼하게 되었으며 유학하기 전 1974년 8월 24일 서울 세종호텔에서 가까운 친지를 모시고 소규모의 약혼식을 했다. 우리 집안에 혼사가 있는 경우 언제나 필자의 어머니 바로 위 오빠인 이만갑 외삼촌께서 우리 집안의 대표 어른 역할을 해 주셨다.

1974년 8월 24일 김인철과 차임순의 약혼식

처, 그리고 장인 어르신과 장모님

약혼녀인 임순은 차균희(車均禧) 씨 (1922-2018)의 7남매 중 첫째 아이였다. 차균희 씨는 평안북도 의주 출생이셨으며 일본 도쿄 대학교에서 농학을 공부하셨으며 미국 위스콘신 주립대학교 매디슨 대학 경제학 박사로 서울대 교수(1956-1960)를 거쳐 대한민국 농림 장관(1964-1966)을 역임하셨다. 서울대학교 사회학과 이만갑 교수는 신의주 출생으로 일본 도쿄대학에서 사회학을 공부하셨기 때문에, 이만갑 교수와 차균희 박사 두 분은 도쿄대 동창생이었으며 또한 두 분의 출생지가 '의주' 와 '신의주' 라 출생지도 가까워 오래전부터 서로 잘 알고 있었다.

약혼식을 끝내고 9월 초에 나는 Kent 주립대학으로 갔고 약혼녀는 다니던 필라델피아 Villanova 대학으로 갔다. 거기서 도서관학 석사학위를 마친 후, 나와 결혼하기 위하여 Ohio 주 Kent 주립대학으로 왔다. 우리 두 사람은 감사하게도 1974년 12월 21일 Kent 주립대학교 캠퍼스에 있는 아름다운 Chapel Hall에서 결혼식을 올릴 수 있었다. 주례는 Johnson 목사님이셨는데 그분은 1960년대 한국에서 선교사로 일하셨던 분이었다. 켄트에서 가까운 Ravena 에 사시던 이명우 의사 부부가 결혼식에 오셨고 멀리 뉴욕에서 처제가 참석했다. 한국 유학생들과 함께 미국인 Host families— Held씨 부부와 Caskey 부인도 참석했으며 미국 대학원생들이 거의 모두 참석함으로써 결혼식장은 즐거운 분위기로 가득 찼다. 모두 고마운 분들이었다.

Kent 주립대학을 졸업하기 1년 전부터, 박사과정에 입학하려고 Chicago 대학을 포함하여 여러 곳에 입학지원서를 내었고 결국 Chicago 대학교로부터 입학허가서를 받았다. 1976년 2월 석사학위를 받자마자 시카고로 갔다.

7. 김인철의 시카고대학 경제학 박사 학위 취득

1981년 8월 29일은 필자 김인철에게 생애에 가장 기쁜 날 중 하나이다. 미국 시카고 대학에서 경제학 박사 학위를 받은 날이기 때문이다. 시카고대학교는 미국 일리노이주 시카고에 있는 연구 중심 사립대학이며 1890년에 석유 재벌 John D. Rockefeller (1839.7 - 1937.5)의 기부금으로 설립되었다. 시카고대학은 사회과학 분야와 자연과학 분야 등에서 세계 최고의 대학 중 하나이다. 그 위상에 걸맞게 전 세계에서 3번째로 많은 노벨상 수상자를 배출한 대학교이다.

특히 시카고대학 출신 노벨경제학상 수상자 수는 세계 1위 수준이다. 2023년 시카고대 출신이며 하버드대학에서 가르치는 Claudia Goldin 교수가 노벨경제학상을 수상하였다. 1969년 스웨덴의 노벨경제학상 수여가 시작된 이후 지금까지 34명의 시카고대 박사 또는 교수가 노벨경제학상을 받음으로써 시카고대학은 노벨경제학상 최다 수상자를 배출한 대학이 되었다.

필자는 1981년 8월 한국인 학생으로서 시카고대학교에서 처음으로 경제학 박사 학위를 받았다. 거기서는 공부 따라가기 어렵고, 외국 학생으로 전공 시험에 합격하기 어렵고, 고위 학술지에 실릴 박사 논문을 쓰기도 매우 어렵다. 지금 생각해보면 그때 하나님이 도와주시지 않았다면 외국인 학생으로 필자도 시카고대학원에서 경제학 박사 학위를 받을 수 없었을 것이다. 박사 자격시험을 볼 때는 항상 응용문제가 나오므로 시험 준비용으로 교과서와 강의 note가

별로 필요가 없었다. 박사 자격시험 문제는 교수들이 돌아가며 출제하는데 어떤 교수는 최근 경제 Journal에 실린 내용을 변형시켜 시험문제를 내기도 했다. 그래서 대부분의 박사과정 학생은 통상적으로 자격시험을 겨우 통과한다.

시카고에 와서 졸업하기 전 지나간 5년 반을 돌이켜 보니 정말 어려운 공부 경험을 한 것이었다. 공부하는 중 가장 어려웠던 것은 학생 간 경쟁이 아주 심하다는 것이었다. "한국에서의 학부 성적과 미국 주립대학에서의 성적이 거의 모두 A 학점이었으니까"라며 "한번 해보자" 용기를 가지고 덤벼들었으나, 시카고대학은 역시 어려운 곳이었다. 학기 시험은, 교실에서 강의해준 내용을 물어보지 않고 듣고 배운 것을 응용하여 답을 써야 하는 것이었다. 거의 모든 시험이 그랬다. 출제하는 교수님은 시카고대에 온 학생은 모두 그런 수준에 있을 것으로 생각하셨다.

그때 당시 대학원 과정 책임자 한 분이, 신입 대학원생들에게, "학생 여러분, 좌로 그리고 우로 한 번 봐요. 통계적으로 세 학생 중, 한 학생만 박사 학위를 받을 수 있어요" 그땐 "정말 무서운 곳에 잘 못 왔구나!"라고 느꼈다. 이수 과목시험에 통과하기도 어려운데 박사논문을 써서 대 여섯 분의 논문심사위원을 통과하는 것도 '하늘의 별 따기' 처럼 느껴졌다. 이 어려운 과정을 뚫고 가는 방법이 한 가지 있었다. 그것은 3-5人 학생들로 구성된 study group을 자발적으로 만들어 같이 공부하면 된다는 것이었다. 그런데 공부 잘하는 사람끼리 만나야 하는데 그게 쉽지 않았다. 실력이 좋아도 성격이 나쁘면 공부잘하는 그룹에서 받아주지 않았다. 내가 만

시카고대학에서 공부하고 있던 유학생들

시카고대 경제학과에서 박사공부를 같이 했던 대학원생 Riclard Boltuck군
나의 왼편에 서서 함박 웃음을 짓고있는 사람이 아내 차임순

시카고대학(U of C) 경제학박사 학위증명서

서명한 책의 앞표지

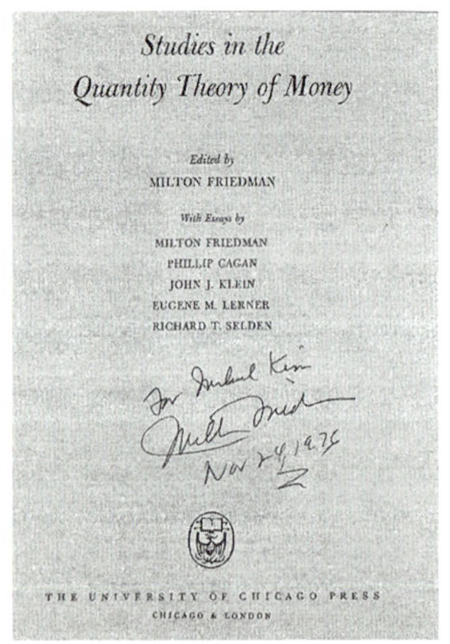

프리드먼 교수의 서명

난 학생들은 머리가 번쩍번쩍 돌아가지 않더라도 생각이 깊고 지혜
가 있었던 학생들이었다.

1976년 봄학기에 Milton Friedman 교수님은 가격이론을 가르
치셨으며 가을학기에 가격이론 seminar 시간을 담당하셨고 그해
12월 노벨경제학상을 받으셨다. 그후 1977년부터 거의 30년 동안
Stanford 대학교 소속 Hoover Institution의 연구원 자격으로 경
제 및 사회정책에 관한 연구를 하셨다. 그때 그분의 책 중 하나에
나를 위해 기념 서명을 해주셨다.

저의 시카고 대학 재학 시절에 Gary Becker 교수님은 고급 가격
이론을 가르치셨는데 1992년 12월에 노벨경제학상을 받으셨고 한
국에도 자주 오셨다. Robert Lucas 교수님은 고급 통화이론을 가
르치셨으며 1995년에 노벨상을 받으셨다. Jacob Frenkel 교수는
국제금융을 가르치셨고 후에 IMF 부총재로 연구부를 맡으셨으며

이스라엘 중앙은행 총재를 두 번이나 하셨다. Michael Mussa 교수님은 국제무역이론을 가르치셨고 역시 IMF 부총재로 연구부를 맡으셨다. 재정이론과 경제발전론을 가르치신 Arnold Harberger 교수님(1924-)은 아직도 살아계신다.

Gary Becker 선생과 그의 명저,
'人的자본' 책

Robert Lucas 교수

Jacob Frenkel 교수

1980년 12월 박사논문을 통과함과 동시에 미국 Boulder 시에 있는 Colorado 대학으로부터 교수직을 받았다. 그리고 1981년 6월 학기 말에 졸업하기 위한 모든 조건을 충족함으로써 공식적으로 시카고 경제학 박사가 되었다. 하나님의 도움이 없었다면 내가 시카고 경제학 박사 학위를 받는 것은 불가능했다. 그런데 놀랍게도 필요할

Arnold Harberger 원로교수님과 함께

Tolley 교수님 부부와 함께

D.Gale Johnson 교수님과 함께

미국 워싱턴 D.C에서 Michael Mussa 교수님과 필자

때마다 도움을 주는 사람이 내 주위에 나타났다. 그 덕분에 나는 다른 학생보다 어려운 공부가 조금 빠르게 진행되었으며 졸업논문도 빨리 완성되었다. 나의 졸업논문은 중앙은행의 금융, 통화, 환율 정책의 융합에 관한 논문인데 후에 미국 1등급 Journal에 실렸다.

8. 서울대 김희준 화학과 교수의 혜안

나의 시카고 경제학 박사 학위획득은 하나님의 선물이었다고 말해준 서울대 이공대교수 한 분이 계셨다. 그는 서울대 화학과 김희준 교수이시다. 그와 나는 연배가 비슷하고 유학도 비슷한 시절에 했다. 그는 서울문리대에 수석 입학했으며 서울대 화학과를 졸업하고 미국 시카고대학교에서 물리화학 전공으로 박사 학위를 받았다.

그가 하버드대학 의대 연구원(Post-doctoral fellow) 자격으로 간다고 하여 시카고에서 식사를 같이한 적이 있었다. 대화 중 그는 매우 신중한 목소리로, "김인철 씨가 시카고에서 경제학 박사 학위를 따게 된 것은 다 하나님이 해주신 것이니 잊지 마시오."라고 했다. 그 순간 "그는 나보다 훨씬 더 신앙심이 깊은 기독교인이다."라고 느꼈다. 그가 그렇게 말한 이유가 있었다. 서울대를 졸업한 자신의 동문 몇 사람이 시카고 경제학 박사 취득에 실패하고 딴 대학으로 옮겨갔기 때문이었다.

1년 후 미국 동부를 여행할 때, 그가 있는 하버드대학을 방문했다. 그 후 한국에서 시카고대학 동문회 때 가끔 만나 과거 시카고대 유학 시절을 떠올리며 대화를 나누었다. 그런데 김희준 교수는 아깝게도 2022년 8월 22일 미국 자택에서 세상을 떠났다. 그는 세상에서 어려운 화학, 과학, 천문학에 엄청난 지식이 있음에도 자주 성

김희준교수와 만찬
(김희준교수는 훌륭한 학자인데 지금은 고인이 되셨음)

130

MPS 2019 Texas Meeting, David Friedman
David Friedman은 Milton Friedman 선생님의 아들인데 Harvard 대학에서
학부를 졸업하고 석사학위와 박사학위는 Chicago대학에서 받았음.

경 말씀을 인용하셨다. 그는 약간의 시간을 내어서 학생들에게 자신의 중요한 지식과 경험을 나누어 주셨다. 그는 언제나 "성경에도 주는 것이 받는 것보다 복이 있다."라는 말이 있듯이 "무엇인가를 줄 수 있다는 것은 복된 일이다"라고 하였다.

(김희준 박사 부부와 함께 여러 시카고대학교 동문이 같이 저녁을 먹는 사진) (김희준 박사는 오른쪽 줄 뒤에서 두 번째 앉아있는 분이며 그 뒤에 앉은 분이 이지순 교수 (서울대 경제학), 왼쪽 줄 제일 뒤에 앉은 분은 이지화 교수 (서울대 화학과), 그 앞에 앉은 분이 양종만 교수 (이화여대 천문학), 그 앞에 흰 와이셔츠에 넥타이를 맨 사람이 필자이며 그 앞에 앉은 분이 이지화 교수의 부인이시며, 또 그녀 앞에 앉은 분이 이지순 교수 부인이심. 김희준 교수 앞에 앉으신 분이 부인이시며, 또 그녀 앞에 앉은 분인데 그분도 시카고 대학교 박사이시고 귀국하여 경희대 교수가 되셨다.

9. 시카고대 박사 공부 시절에 아내의 도움

시카고대학에서 경제학 박사 학위를 받으려면 무엇보다도 부인의 도움이 필요하다. 한마디로 부인의 도움이 없었다면 나로서는 시카고 경제학 박사는 거의 불가능했다고 본다. 시카고대학교의 교수 중에서 평생 부인의 도움을 아주 많이 받은 사람은 밀턴 프리드먼(Milton Friedman:1912.7-2006.11)) 교수이다. 그는 시카고학파의 태두로서 1976년 노벨경제학상을 받은 교수이다. 프리드먼 교수는 1912년 7월생이며 그의 부인 로즈 프리드먼(Rose Fried-man:1910.12-2009.8)은 1910년 12월생이다. 1932년 두 사람은 시카고대학교 경제학 석사과정에서 처음 만났다. 밀턴의 부모는 헝가리 출신 유대인, Rose의 부모는 우크라이나 출신 유대인이었다. Rose Director가 시카고 대학 경제학 석사과정에 들어오게 된 것은 오빠인 Aaron Director가 시카고 대학교 법대 교수이었기 때문이었다. 밀턴과 로즈 두 사람은 석사과정을 마치고 직장을 얻으러 뉴욕으로 갔으며 거기서 두 사람이 결혼하였다. 남편인 밀턴 프리드먼 시카고대 교수가 1976년 노벨상을 받을 때까지 내조를 많이 했다. 1977-79년 기간 세계를 돌며 TV 강연한 것을 모아 책을 만들 때 부인이 처음부터 끝까지 원고를 챙기고 수정했다. 이렇게 해서 출판된 책이 'Free to Choose'인데 세계 전역에서 판매되어 엄청난 수입을 얻었다.

필자와 아내 차임순(1950.8-)과의 관계는 프리드먼 교수 부부와 비슷하다. 두 커플이 종교, 교육, 문화면에 있어서 공유점이 많아서 그렇다. 우리 두 사람은 오래전부터 서로 잘 알았다. 서울에서 살면서 같은 교회에 다녔기 때문이다. 이화여중 학생 때부터 교회에서 피아노 반주를 했으며 이화여대 음대에서 피아노를 전공하였다. 거기다가 김인철은 배재학당 졸업생이고 차임순은 이화학당 졸업생이어서 두 사람은 기독교 신자로서 같은 교회에 수십 년 동안, 교적을 두었었다.

미국 주립대학의 도서관은 거의 모두 규모가 커서 책과 자료는 엄청나게 많다. 아내는 1975년 9월 미국 Pennsylvania 州에 있는 Villanova 대학교에서 도서관학 석사학위를 받았다. 그 후 대학 도서관을 거의 매일 둘러보며 사립대학 도서관과의 차이점을 열심히 살피고 memo를 했다. 이것이 후에 도서관 경영학박사 공부를 하는 데 크게 도움이 되었다. 특히 대학 도서관은 앞으로 어떻게 변형되어갈 것인지 아내는 많은 관심을 가지게 되었다. 이로써 향후 아내가 도서관경영을 심층적으로 공부하게 되었다.

결국 4년에 걸쳐 Walden University의 필수과목과 선택과목을 이수하고 제출한 박사논문이 통과됨으로써 경영학 박사 학위를 받았다. Walden 대학 본부는 미국 미네소타주 미네아폴리스에 있으며 논문 제목은 "The attitudes of library patrons toward new library technology" 이다. 이 논문은 1995년 Volume 55, Number 9 UMI (University Microfilms International)에 저장되어 있으며 일정 요금을 내면 박사논문 전체의 복사본을 받을 수 있다. 어쨌든 연구하는 사람은 어느 나라에서든지 도서관 사람을 좋아하고 고마워한다. 아내는 언제나 내 연구를 도와준 조력자이다.

10. 심장 판막 환자, 김옥은(金玉恩) 누나의 回生

김대성 부친께서는 1939년 4월 연희전문학교를 졸업하셨지만 계속 남아서 해야 할 일이 있었다. 일본 정부가 시행하는 의사 시험에 합격하는 것이었다. 사람은 누구나 중요한 시험에 합격하기 전에는 항상 마음이 불안하다. 오랫동안 의사 공부를 열심히 하셨으나 막상 시험 날짜가 다가오니 부친도 의사 시험을 다소 걱정하셨다는 말은 전해 들었다. 영어와 일어를 유창하게 구사하시는 부친은 1939년 후반기에 필기시험과 실기시험에 쉽게 합격하셨다. 그래서 1940년 초에 신의주로 올라가셔서 큰 병원에 의사 자리를 하나 얻었다. 그리고 1940년 따뜻한 봄날에 이화여자전문학교를 졸업한 한문옥(韓文玉)씨와 결혼하게 되었다.

김대성 청년 학생은 한문옥 씨를 1937년에 몇 번 만난 적이 있었 겠으나 그 이상 진전은 없었다. 그 당시 김대성에겐 의학 공부가 모 든 것을 우선하였기 때문이었다. 그리고 1941년 10월 7일 장녀 김 옥은 누나가 태어났다. 그런데 불행하게도 한문옥 씨는 1942년 봄 에 딸 옥은을 남겨놓고 갑자기 병환으로 목숨을 잃었다. 이때부터 김대성 의사는 신의주 제1 교회에 열심히 출석했다. 그는 자신의 바 이올린을 가지고 신의주 제1 교회에서 음악 봉사를 시작하였다.

한편 1942년 봄, 18세의 이정신 양은 일본 무사시노 음악대학에 유학 갔다. 거기서 2년 동안 피아노 전공을 마치고 1944년 초 신의 주 집으로 돌아왔다. 김대성 의사와 결혼한 한문옥 여사에겐 오빠 의 딸인 한석주와 한석순 두 조카가 있었다. 한석순은 한석주의 동 생인데 5살 때 신의주 제1 교회가 운영하는 유치원에서 이정신을 처음 만났다. 한석순과 이정신은 유치원 때부터 절친한 친구였다.

필자는 1980년대 초 미국에서 돌아와 KDI 한국개발연구원에서 근무하고 있었으며 사는 곳은 반포에 있는 KDI 사택이었다. 어느 명절날 옥은(玉恩) 누나와 함께 반포 아파트에 사시는 한석순 씨 댁 을 방문했다. 그분은 옛날 신의주 제1 교회가 운영하는 유치원 졸업 식 때 찍은 사진이라고 보여주었는데 5-6 살의 한석순과 이정신 두 어린이가 맨 앞줄에 서 있었다.

다시 옛날로 돌아가서 오랜 친구인 이정신 양이 1944년 봄에 일 본에서 음악 공부를 끝내고 돌아오자 한석순은 최근에 돌아가신 한 문옥(韓文玉) 고모님의 남편이신, 김대성 의사를 만나게 해주겠노 라고 했다. 어차피 이정신 양은 1944년 봄에 일본 유학을 다녀와서

오제도 검사

1. 위의 인물은 서울지검 부장검사 시절의 오제도

2. 그는 1917년 생으로 평안남도 안주시에 났으며 2001년 별세

3. 평안중학교 졸업 후 1939 와세다대학 전문 부 법과를 졸업

4. 1940년부터 신의주지방법원 검사국에서 견습 후 서기겸 통역

5. 8.15 광복 후 월남하여 1946년 특별임용시험을 거쳐 검사 됨

6. 그의 배우자는 한석주이며 그의 여동생이 한석순임.

7. 한석순은 부친의 막내 여동생 한문옥 고모가 1940년 의사 대성과 결혼 후1941년
   10월 김옥은을 출산하였으나 고모가 급서 하게 되자 어쩔 수 없이 잠시 동안이나
   마 어린 아기 김옥은을 돌보게 되었음.

8. 1944년 봄, 일본 무사시노에서 2년간 피아노를 공부하고 돌아온 이정신에게 신의주
   제1 교회에서 바이올린으로 봉사하고 있는 김대성 의사와 결혼하는 게 어떻겠냐고
   제의를 몇차례 함으로써 결국 1945년 3월 경에 두 사람은 신의주 제1 교회에서 결
   혼식을 하게 되었음.

9. 김대성 아버지가 돌아가신 후부터 명절이 되면 옥은은 사촌형부가 되는 오제도 검
   사댁에 꼭 가서 인사를 올렸음.

신의주 제1 교회에서 피아노 반주를 맡기로 되어 있었다. 따라서 이정신과 김대성 두 사람은 쉽게 가까워질 수 있었다.

한문옥 여사에겐 나이 차이가 좀 많은 오빠가 계셨다. 그녀의 오빠에겐 두 딸이 있었는데 한석순과 한석주이었다. 한석주가 한석순의 언니이었으며 한석주의 남편이 오제도 검사이었다. 생모이신 한문옥(韓文玉) 여사를 잃은 2살짜리 옥은 아기는 고종사촌 언니, 한석순 씨가 돌보았다.

오제도 검사는 1917년생으로 김대성과 동갑이나 6개월 정도 아래였다. 그의 처는 韓석주이며 그의 처제는 韓석순이다. 신의주 제1 교회가 운영하는 유치원 때부터 한석순은 필자의 어머니 이정신과 친구였다. 오 검사는 처와 처제를 통하여 김대성 의사를 알게 되었다. 처와 처제의 고모이신 한문옥씨가 1940년에 신의주에서 결혼한 남편이 김대성이었다. 1942년 韓 여사가 급서하자 미혼 처제인 한석순은 갓난아이 김옥은을 거의 2년 동안 키우게 되었다.

한석순은 김옥은보다 훨씬 나이가 많았으나 옥은은 고모의 딸이니 한석순의 사촌 동생이었다. 마침 그때 유치원 때부터 친구인 이정신 학생이 1944년 초 무사시노 음대를 졸업하고 신의주로 돌아왔으며 신의주 제1 교회에서 피아노 반주를 맡게 되었다. 이때 한석순 가족 전체가 이정신을 설득함으로써 이정신과 김대성은 1945년 초에 신의주 제1 교회에서 결혼식을 했다.

이정신은 김대성과 결혼하여 1946년 8월 20일에 김美彦, 1948년 10월 22일에 김仁哲, 1950년 5월 23일에 김恩敬을 출산했다. 김인철의 첫 생일을 맞아 아버지가 아들을 안고 있으며 한석순 씨는 7세

김인철 돐날, 오제도 처제 한석순과 함께

의 자신의 딸을, 그리고 필자의 어머니 이정신 씨는 5세의 미언과 8세의 옥은을 앞줄에 세우고 가족사진을 찍었다.

옥은 누나의 생모는 어떤 분이었을까에 대한 자료는 거의 없었다. 옥은 누나가 기억하고 있는 것은 한문옥(韓文玉) 이름이 생모의 성함이며 오제도 검사가 형부라는 사실 뿐이었다. 그동안 집에 남아 있는 사진 들 중에 한 번도 서로 알아보지 않았던 사진이 한 장 있었다.

5인이 찍혀있는 사진에서 오른쪽 끝에 앉아있는 연희전문대 학생만, 김대성 부친으로 알아볼 수 있었고 나머지 사람은 알 수 없었

연희전문대 시절, 정동교회 음악친구들

다. 나머지 두 남학생은 중등, 고등학생이며 첫줄 왼쪽에 예쁘게 정
장하고 앉아있는 여학생이 있었다. 그녀의 상의에 붙어 있는 뱃지
를 보니 그녀는 이화여자전문학교 학생으로 보인다. 그때 상황을
유추해보니 그들은 정동제일교회에서 정기적으로 만나는 그룹이었
다. 음악과 찬송, 찬양을 좋아하는 사람들이었다는 생각이 든다.

정동제일교회 또는 정동교회라고 부르는데 지금도 존재해있다.
필자가 다녔던 배재학당과 아주 가까운 곳에 지어졌다. 정동교회는
대한민국에 최초로 세워진 감리교 교회 중 하나이다. 덕수궁 옆, 중
구 정동길에 있다. 배재학당의 설립일은 1885년 8월 3일이다. 배재
학당을 설립한 아펜젤러가 정동에 있는 사택에서 한국인 신자들과
함께 예배드렸는데 이곳을 정동제일교회의 시초로 삼고 있다. 1918
년 한국 최초로 파이프 오르간이 설치되었으며 개화기에 많은 음악
가를 배출하였다. 그 후에 친척들 간 소문에 의하면 정장을 한 이화
전문학교 학생의 고향이 신의주이었다.

지금 생각해보면 김대성 부친께서 1939년 의사 시험에 합격한 후
신의주로 가서 의사 활동을 시작했으며 1940년에 한문옥씨와 결혼
하였다. 옥은 누님의 생일이 1941년 10월 7일이라는 사실을 놓고
보면 이사진에 보이는 여학생의 이름이 한문옥이 틀림없다.

김옥은 누나는 어릴 때부터 심장병이 있었다. 심장에는 여닫이문
역할을 하는 4개의 판막이 있는데 심장 판막이 날 때부터 약하거나
기형인 환자는 갑자기 사망할 수 있다고 한다. 그리고 심장 판막이
외부로부터 충격을 받아 정상적으로 작동하지 않는 사람은 치명적
인 위기 상황으로 갈 수 있다고 했다. 옥은 누나는 선천적으로 심장

정동교회 옛모습

판막이 비정상적이었다. 옥은 누나의 경우, 조금만 뛰어도 숨을 못 쉬고 얼굴이 파랗게 질리곤 했다. 그래서 부친께서는 "옥은이는 결혼도 할 수 없고 20살을 넘기기 어려울 것"이라고 매우 우울해하셨다.

그런데 한반도에서 남과 북이 3년 동안 6.25 전쟁을 치르는 기간 중, 이정신 모친은 1952년 5월에, 김대성 부친은 1953년 3월에 병원에서 환자를 돌보다가 세상을 떠나셨다. 그래서 살아남은 가족은 다섯 사람이었다. 62세의 이재령(李在寧) 할머니, 12살 난 김옥은(金玉恩), 7살의 김미언(金美彦), 5살의 김인철(金仁哲), 3살의 김은경(金恩敬)이었다.

다섯 식구가 살아남기 위하여 이재령 할머니와 김옥은 큰누나는 엄청난 고생을 겪었다. 부친이 세상을 떠나신 후 병원 건물을 매도하고 받은 돈과 남은 자산으로 8년 동안 다섯 식구가 그런대로 연명할 수 있었다. 그러나 1961년이 되자 그 이상은 어려웠다. 다들 나이가 들고 학비가 늘어나면서 정상적인 생활을 유지하기는 벅차게 되었다.

바로 이 시점에 하나님께서 구원의 손길을 내려주셨다. 부친의 둘도 없는 친구이셨던 박동규 아저씨께서 옥은 누나에게 연락을 주셨다. 처음엔 옥은 누나에게 대학교육의 기회를 주고자 하셨다. 그때 그분은 중소기업 은행장이셨다. 그러나 누나는 사양했다. "제가 대학을 가면 남은 식구가 살아갈 수 없으니 직장을 구해주셨으면 대단히 고맙겠습니다"라고 했다. 그래서 그분은 누나가 중소기업은행장의 비서팀에서 일하도록 하셨다.

필자가 미국 콜로라도 대학에서 교수생활을 마치고 1982년 6월 한국에 돌아와서 KDI에서 연구 활동을 할 때 옥은 누나는 41세가 되었다. 심장 판막 질환으로는 20세를 넘길 수가 없다고 했는데 20년을 더 살았으니 하나님의 은혜였다. 그동안 결혼해서 딸 둘을 출산했으며 금촌 보건소에서 행정업무를 맡고 있었다. 그러나 이제는 더 몸을 가누기가 어렵게 되었다. 강남 세브란스병원에서 검진 결과 담당 의사는 의외로 좋은 소식을 우리에게 알려주었다. 복개 수술을 하면 더 오래 살 수 있다는 결론이었다. 비용은 좀 들어도 수술하기로 하고 모든 가족이 한마음으로 하나님께 옥은 누나를 살게 해달라고 기도했다. 하나님은 우리의 기도를 들어주셨다. 세브란스병원의 외과 의사도 훌륭하신 분이었다.

그 후로부터 또 42년 세월이 흘렀다. 옥은 누님의 연세는 지금 83세이신데 건강하신 편이다. 지금도 거리는 가깝지만 자가용을 조심

스럽게 몰면서 교회를 왕래했다. 그래서 이제는 첫째딸 혜원이가 운전해서 교회에 모시고 간다.

갑자기 부친이신 김대성 의사가 생각났다. 그분도 오래전에 진주 배돈병원과 세브란스병원에서 의술을 배워 의사가 되시고 신의주 병원에서, 진해병원에서 수많은 환자를 실비로 고쳐주셨다. 하나님 이 주관하시는 이 세상에는 한결같이 일방적인 공짜 제공은 없다. 우리는 모두, 한평생 동안 '베품' 을 주고 또 '베품' 을 받는 세상 에서 살아가고 있다.

Jean Davies 선교사님은 우리 집안의 큰 어른이셨다. 호주에서 노년을 보내시던 선교사님께서 1981년 6월 15일 내가 Chicago 대 학 경제학 박사 학위 자격을 가지게 되었을 때, 92세의 연세로 천국 으로 가셨다. (Davies 선교사님의 사진과 졸업식 때 한국 학생들과 찍은 사진 첨부) 이은바 재영 할머님은 4년 후 1985년 2월 9일 94 세의 연세로 천국에 가셨다.

11. 김인철 교수의 은퇴 전 (1981-2014) 주요 활동과 성과

11-1. 시카고 대학 경제학 박사 학위 취득

대한민국의 배재학당과 성균관대학교는 세계적으로 잘 알려져 있 다. 배재학당은 대한민국의 건국 대통령으로 인정받는 이승만 대통 령을 배출한 학교이며 성균관대학은 630년 이상 오래된 대학이며 李氏 朝鮮 시대 최고의 학자들이 모였던 곳으로 잘 알려져 있다. 그 러나 1945년 8월 15일 일제강점기를 벗어난 후 자유 대한민국 시대 에 와서는 배재학당이 아닌 배재고등학교와 성균관대학교는 국내 최고 엘리트 학생이 모이는 곳은 아니다. 그런데 김인철 교수는 배

호주 여의사 Ellis Jean Davies (1889.3-1981.6) 92세 소천

이은바(이재령)할머니 95세 소천

재고등학교와 성균관대학교를 졸업하였으나 노벨 경제학자를 가장 많이 배출한 세계 최고 수준의 시카고대학교에서 한국인 학생으로서 처음으로 경제학 박사를 취득했다는 것은 정말 믿기 어려운 사실이다.

필자 본인이 생각해도 영어가 모국어가 아니며 1974년 유학 당시 여전히 후진국에 속했던 한국에서 미국으로 유학 가서 미국에서도 가장 경쟁이 심한 시카고대학에서 경제학 박사 학위를 받고 미국 대학에서 교수를 할 수 있었다는 것은, 보통 사람들에겐 정말 믿기 어려운 사실이었다. 한국인 중에서 영미권에서 사는 사람보다 영어로 말을 잘하고 글을 잘 쓰는 사람이 많다. 그러나 어학 실력 만 가지고는 미국 일류대학 졸업 문을 통과할 수 없다. 미국만 하더라도 가난하고 집이 없어 지하철 역사(驛舍) 구석에서 새우잠을 자는 백인 미국인도 영어는 잘한다.

필자가 시카고 대학에서 우수한 대학원생을 보니 혼자서 공부하지 않고 서너 사람이 한 팀이 되어 토론도 하면서 어려운 숙제를 풀어가는 것을 보았다. 그 그룹에 들어가고 싶었지만 들어오라고 말하는 사람이 없었다. 우수한 'study group'에 낄 수 있는 자체가 자신의 경쟁력을 나타낸다. 자신도 우수하다는 것을 보여야 하는데 그러기 위해서는 수업 시간 중, 담당 교수에게 중요한 질문을 하거나 느닷없이 학생들에게 던지는 교수의 질문에 재빨리 정답을 몇 번 줄 수 있으면 좋은 study group에서 가입 제의를 해 온다.

대학원생에게 어느 정도 알려진 센 study group에 들기 위해서는 경제 및 경영학도들이 매일 읽는 Wall Street Journal에서 경제 관련 이슈를 찾아서 토론할 수 있는 능력도 있어야 하지만 성품도 있어야 했다. 시카고 대학에 오기 전에는 극소수를 제외하고 그러한 정보를 들어본 적이 없다. 시카고 현지에 와서 그런 사실을 좀 늦게 알게 되면, 갑자기 성품을 바꾸기는 어렵다. 내가 시카고대학원 경제학과에 가기 전에 여러 명의 한국인 대학원생이 있었다. 그러나 박사 학위 자격시험에 몇 번 실패한 후, 빈손으로 시카고를 떠난 사람이 많았다. 다행히, 하나님의 도우심으로 1981년 9월, 내가 33세의 젊은 나이에 시카고 대학에서 경제학 박사 학위를 받은 후, 미국 콜로라도州에 있는 University of Colorado, Boulder 대학의 조교수로 경제학 강의를 시작했다.

11-2. 미국 유학생 부부로서의 신앙생활 (1974.9-1981.8)

앞의 6항에서 소개되었듯이 필자는 1974년 12월에 Kent 주립대학 캠퍼스 안에 있는 Chapel에서 결혼식을 했다. 지금은 좀 달라졌는지는 모르지만, Kent 시는 그야말로 주립학교와 관계있는 사람을 제외하면 주민이 거의 없는 작은 도시였다. 켄트에서 동서남북으로 한 시 간 이상 차를 타고 나가야 김치를 파는 가게와 한인교회가 있었다. 석사 공부를 끝내면 미국 다른 곳에서 박사 공부를 해야하니 헌차라도 매입하는 생각은 전혀 할 수 없었다. 가끔 Kent 대학에서 다른 분야에서 공부하는 장기 유학생을 따라 Kent에서 가까운 Ravena 市의 한인 식품 가게에 김치, 고추장 같은 식품을 두세 번 사러 갔다 왔다. 다행히 우리 부부의 한국 식품 의존도는 매우 낮았다. Kent에서 두 학기를 지난 후, 시카고 대학에서 박사과정 입학허가서가 날아왔다. 그제야 쓸만한 중고차를 사서 Kent 시에서 적은 이삿짐이지만 시카고로 운전해 갈 준비를 했다.

1976년 3월 봄학기에 자동차를 운전하여 시카고 대학의 학생 아파트 단지로 이사하게 됨으로써 시카고 생활이 시작되었다. 그 당시 Chicago 북쪽 지역에는 LA(Los Angeles), NY(New York) 다음으로 한국인이 많았다. 시카고 북쪽에는 한인교회, 한국식품, 한국식당이 아주 많았으며 사업도 잘되는 편이었다. 그러나 시카고 대학교는 시카고 남쪽에 자리를 잡고 있어서 시카고 북쪽으로 올라갈 기회가 별로 없었다. 그리고 공부할 게 많아서 괜히 한국식품을 사려고 먼 길을 운전해갈 필요가 없었다. 그 대신 주일마다 시카고 대 캠퍼스 안에 어마어마하게 잘 지어 놓은 록펠러 교회에 갔다. 웅장한 Pipe-organ 연주를 듣고 오는 것이 우리의 큰 행복이었다.

시카고에 가서 4년이 지나자, 박사논문을 포함하여 시카고 대학에서 거쳐야 할 모든 시험을 통과한 후이라서 시간이 다소 여유가 있었다. 마침 시카고 북쪽에 있는 '복음 언약교회'의 백인규 목사님께서 성가대 지휘자와 피아노 반주자 부부가 공부를 끝내고 한국으로 돌아가게 되었으니 우리 부부를 어떻게 알았는지, 우리의 도움이 필요하다고 몇 차례 전화를 주시길래 결국 백 목사님의 요청을 받아들였다. 필자의 아내는 서울에서 교회 아동부 예배 때부터 피아노 반주를 시작했으며 결국 이화여대 피아노과를 졸업했다. 그 후로부터 우리는 매주 시카고 북쪽에 차로 운전해가서 교회에 봉사했다. 그때의 지휘자는 임종빈 장로님이셨는데 연세가 좀 있었으나 지휘를 참 잘하셨다.

1981년 8월 말, Chicago에서 Colorado 주 Boulder 시까지 운전해갔다. 매우 긴 거리여서 2-3일 정도 걸렸다. 웬만한 짐은 콜로라도 대학 측에서 정해준 교수 사택으로 이미 보냈다. 교수 사택에 도

Denver 市, 서머나 교회 출석

148

착해서 낮에, 아내와 같이 짐을 풀고 있는데 누가 밖에서 문을 두드리길래 문을 열어주었다. 아주 점잖은 분이 서 있는데 한종희 목사님이라고 자기소개를 하셨다. 자신은 덴버시에 있는 서머나(Symerna)교회에서 목회를 하는데 시카고에서 목회하시는 백인규 목사님으로부터 연락을 받았으며 우리가 Boulder로 가면 우리를 자신의 덴버교회에서 음악 봉사를 해주시라고 일부러 찾아왔다는 말씀이었다. 우리가 같은 Colorado 주에 살아도 보울더 (Boulder)와 덴버와의 거리는 승용차로 약 1시간 거리였다. 이렇게 한 목사님과 만나서 한국에 돌아갈 때까지 아내는 약 1년 동안 성가대 반주자로서, 필자는 성가대원으로 교회 봉사를 열심히 했다.

11-3. 김인철 KDI 박사의 경제정책 연구 활동

필자는 한국개발연구원(KDI : Korea Development Institute)으로부터 연구위원 자격의 초청을 받고 1982년 6월에 귀국했다. 그 당시 한국의 외채가 과다하다고 채권국으로부터 의심과 우려를 많이 받고 있었다. 선진국 채권자들은 한국뿐 아니라 브라질, 우루과이, 멕시코 3국도 과다 채무국이라고 지정하고 심각한 우려를 나타내고 있었다. 1983년 KDI에서 발행된 김인철 박사의 연구 결과에 의하면, 한국의 경우 현시점에서 외채가 많은 것으로 보일 수 있으나, 외채에 의존한 장기투자의 실적이 나타나기 시작하면 바로 순 채무국에서 순 채권국으로 발전될 수 있다는 결론을 내렸으며 그 시점은 1986년이 될 것으로 추정되었다.

그 당시 남미 국가의 경우, 총 채무가 빠르게 증가하고 있었던 것은 외채 자본에 의한 장기투자 실적이 부실하거나 투자자금이 아예

엉뚱한 곳에 사용된 것으로 볼 수 있다. 한국의 경우 순 채무국에서 순 채권국으로 바뀌는 연도를 구하기 위해서 시계열 (Time series) 분석을 사용하여 저축-투자균형선과 수출-수입 균형선이 교차하는 시점을 찾아내고자 하였다. 실제로 교차한 시점은 1985년이 되었다. 1986년부터 1989년까지 4년 동안 한국의 평균 연간무역수지는 연 80억 달러, 실질 GDP 성장률이 12%, 그리고 연간 물가 상승률이 겨우 3% 수준으로서 과거와 비교해볼 때 가장 훌륭한 경제실적이었다.

1984년 11월, 김인철 박사는 KDI에서 연구직을 내려놓고 김만제 재무부 장관과 정인용 장관을 위하여 3년동안 장관 자문관 직책을 맡았다. 국내외경제 전반에 걸친 현안 과제를 분석하고 대응책을 마련하는 일을 수행했다. 외국의 귀빈을 안내하고 토론과정에 합석하여 한국의 입장을 설명하는 역할을 담당하였다. 1988년 3월 1일 성균관대학교 경제학교수가 되어 정년때까지 후학을 가르쳤다.

11-4. 김인철 교수의 성균관대학 경제학과 교수 취임과 은퇴식

1988년 3월 1일 40세 나이에 모교인 성균관대학교의 경제학과 교수로 취임했다. 우선 경제학의 새로운 부분을 추가한 경제학 교과서를 제작하기 시작하였으며 정부 기관에서 경험한 새로운 정책문제를 학생들에게 가르치고자 노력했다. 대학원생들의 졸업논문을 지도하고 취업 준비를 위한 지식과 정보를 제공해주기도 하였다.

21세기에 접어들어 한국에 외국 학생들의 수가 많아지면서 영어강의 수요가 급증하였다. 특히 외국 학생들이 한국경제의 발전에 많은 관심을 가짐으로써 한국경제의 영어강의가 인기를 끌었다. 성

교수 정년 퇴임 기념 세미나를 끝내고 기념사진

정년기념 세미나를 마친후 퇴임기념 소연회를 가짐
왼쪽에 서있는 분은 성균관대 경제학과 김민성 교수이며
오른쪽에 서있는 분은 서울대학교 경제학과 정운찬 교수이심.

연구활동을 가장 많이 같이 한 연세대학교 경제학과
김정식 명예교수와 자리를 같이함(2024년 봄)

2022년 5월 한국경제학회 역대회장 회의

균관대학교에도 세계 여러 나라로부터 온 학부 학생들이 많아 여러 과목을 영어로 강의하였다. 그들이 자기 나라에 돌아가더라도 선진국의 대학원에 입학하기 위해서 나에게 추천서를 써달라는 부탁의 편지를 보내오는 학생들이 있는데 그때마다 그들에게 반갑게 추천서를 써주면서 학문연구에 열정을 가지게 하였다.

세월은 빠르게 흘러 필자는 2014년 2월 교수로서 성균관대학교를 정년퇴임 하는 날짜를 맞이하였다. 성균관대학교 한문교육학과의 박승희 동료 교수가 내게 아호를 동리(東里)라고 지어주었다. "동쪽에서 온 사람" 뜻이라지만 필자의 부친, 김대성 씨가 태어난 동네의 이름과 관련이 있다. 필자의 은퇴를 기념하기 위하여 2013년 12월 20일 재직하고 있는 경제학과 교수분들이 거의 모두 참석해주셨다. 필자는 이분들에게 감사하는 뜻에서 최근에 끝낸 "The Family Economics Approach to Korea's Benchmark Fertility Rate" 논문을 발표하였다. (금 10돈을 기념품으로 받았다.)

11-5. 2017년 몽펠르랭 소사이어티 서울총회 유치

2017년 5월 9-12 기간에 몽 펠르랭 소사이어티 (Mont Pelerin Society) 총회가 서울에서 열렸다. Mont Pelerin Society 3개의 영어 단어의 첫째 철자를 합쳐 MPS라고 부른다. 1974년 노벨경제학상을 탄 하이에크 교수를 포함하여 39명의 회원이 1947년 4월 10일 스위스 휴양지인 Mont Pelerin에서 열리는 MPS 제1회 모임에 참여하였다. 그때 참여한 사람은 경제학자, 철학자, 언론인이었는데 그중에서 경제학자 수가 가장 많았다. 거기에 밀턴 프리드먼

<2017년 5월 몽펠르랭학회 서울개최 주요 발표자들>

2017 MPS 서울총회
3人공동위원장 : 정규재 한국경제신문 논설고문, 권태신 전경연 부회장,
김인철 성균관대 교수

바츨라프 체코대통령

미국 4星 Bell 장군의 발표 후 청중 앞에서 사진 찍음

노벨 수상자 Vernon Smith 교수와 함께

John B. Taylor교수(1946. 12. 8~현재생존), Frenkel교수 왼편에 앉아있음.
2001~2005 미국 재무성 차관
Stanford 대학교 경제학 교수

Mark S Kousen 교수(1947. 10. 19~현재생존)
Ph. D. in Economicstrom George Washington University
현재 Chapman Univ. 교수

Jacob Frenkel 교수
He was Chairman of the Board of Trustees of the Group of Thirty(G30)
Former Prefessor of Dept of Economics, the Uni. of Chicago

Edwin Feulner 박사
전 MPS 회장, Hevicage 재단 창립자(1941. 8. 12~현재 생존)

교수를 비롯한 자유민주주의 시장경제를 주창하는 시카고학파의 교수들이 많이 참여하였다. 그 후로부터 70년이 지난 2017년 5월에는 서울에서 MPS 회의가 열렸다. 회원 수도 1947년 회의 때의 39명에서 500명이 넘었다.

2017년 5월 MPS 총회를 서울로 유치하기 위하여 한국경제신문사에서 노력을 많이 했다. 필자는 시카고 대학교 대학원 졸업생 신분을 이용함으로써 MPS 임원들의 마음을 움직여, 4년 동안의 준비를 거쳐 300여 명의 MPS 회원이 서울에 왔다. MPS를 유치한 나라에서는 외국에서 오는 참가자들을 위하여 숙소와 회의 장소 마련, 산업시찰, 또는 문화유적지를 돌아보는 행사를 준비한다.

2017년 MPS 서울총회에 오셨던 주요 외국인 연사와 학자들은 다음과 같다:

1) 前 체코공화국 대통령 바츨라프 클라우스(Vaclav Klaus: 1941- 생존)는 자유시장의 장점을 열렬히 추구하는 경제학자이다. 그는 프라하 경제대학을 졸업한 후 미국 Cornell 대학원에서 공부했으며 체코공화국의 총리를 역임 (1993-1998) 했다. 그리고 (2003-2013년) 동안 대통령직을 맡았다. 그는 Milton Friedman 교수의 권유로 MPS 회원이 되었으며 2012년 제39차 MPS 총회를 체코공화국 프라하에 유치하여 현직 대통령으로서 정치적 자유와 경제적 자유의 중요성을 체코공화국 국민에게 널리 알렸다.

2) 버논 스미스(Vernon Smith: 1927 – 생존)
Vernon Smith 교수는 1955년 Harvard 대학에서 경제학 박사

학위를 받았으며 Stanford 대학, Brown 대학, George Mason 대학에서 학생들을 가르쳤으며 2001년, 노벨 경제학상을 받았다. 버논 스미스 교수는 자기와 姓이 같은 Adam Smith에 관심이 많았다. 스코틀랜드 시대의 Adam Smith는 세상에 많이 알려져 있다. 그는 1759년에 도덕 감정론(The Theory of Moral Sentiment)을 출판했고 1776년에 국부론(The Theory of National Wealth)을 출판했다. Vernon Smith는 Adam Smith의 두 책은 인간의 경제적, 및 사회적 선택을 확실하게 설명한다고 극찬하면서 Vernon Smith 교수는 현대 시대의 Game 이론 학자들을 비난했다. "인간은 자기 이익과 자기 사랑, 그리고 오만을 벗어버리고 타인과 함께하는 것을 배우는 과정에 있다." 라고 묘사한 Adam Smith의 '도덕 감정이론' 에 주의를 기울였다면 좋았을 뻔했다고 했다.

3) 전 주한 미군 사령관 버웰 백스터 벨(Burwell Baxter Bell 3rd) 4星 장군

한국 안보를 주제로 한 강연에서 전 주한 미군 사령관 버웰 장군은 한국의 경제성장에 열정적인 찬사를 보냄과 동시에 당선되는 대통령이 사드(THAAD) 미사일 철수를 시도할 경우, 한반도에 길게 드리워질 어두운 미래를 경고했다. 2017년 5월 9일 대통령선거 당일 강연을 맡게 된 Bell 장군은, 한국이 가진 민주주의적 특성은 '한국의 힘' 인 동시에 '연약함' 이라고 했다. "민주주의" 는 너무나 많은 경우, 겉으로 보기엔 이성적이고 순조로우며 논리적일 것 같은 협력을 구하지만, 현재 박근혜 전 대통령의 탄핵이라는 트라우마를 겪은 한국 국민은 한쪽으로 기울어진 논리에 쉽게 빠지게

되었다고 평했다.

"만약 문재인 후보가 대통령으로 당선되고 그가 사드의 철회를 주장한다면 어떻게 하겠느냐?"는 청중의 질문에 벨 장군은 "만약 한국이 사드를 원하지 않는다면 한미동맹에 커다란 금이 갈 것이며 우리는 한국에 대한 미국 입장을 다시 고려해야 할 것이다. 우리는 점령군이 아니다. 만약 한국 국민이 우리가 떠나기를 원하는 날이 온다면 우리는 떠날 것이다. 그러나 사드를 철회하여 우리 군인들의 생명을 위협하는 적으로부터 그들을 보호할 방법이 없으면 우리는 다시 생각해봐야 한다. 그런 일이 벌어진다면 중국이 원하는 대로 되는 것이다."라고 했다. 이런 말이 오가던 그때는 정말 숨 막히는 상황이었다.

4) 에드윈 퓰너(Edwin Feulner:12 August 1941 - 생존)

에드윈 퓰너 박사는 몽펠르랭 소사이어티 전임회장 (1996-1998) 이었으며 미국의 영향력 있는 보수성향 Think Tank인 Heritage 재단의 창립자이기도 하다. Feulner 박사는 2017년 몽펠르랭 한국 총회가 대한민국 19대 대통령선거가 열리는 매우 중요한 시기에 서울에서 주최되었다는 사실을 언급하며 축사를 시작했다. "현재 한국은 고요한 아침의 나라에서 혼란의 오후를 맞게 되었습니다. 그러나 한국은 지금까지 진정한 법치주의의 승리를 이끌어 온 모범국가가 되었습니다. 이번 선거에서 누가 승리자가 될지 모르나 진심으로 한국의 번영을 기원하며 앞으로 경제체제를 현대화하고 개인의 자유를 더욱 존중하는 방향으로 전환해야 합니다."라고 했다.

그는 또한 "우리는 모두 서로 다른 상황에서 자유의 가치를 배운

사람들로서 2017년 MPS 서울총회는 몰펠르랭 소사이어티 회원과
모든 참가자가 협력을 통해 평화와 국가적 안정을 도모하는 기회가
될 것"이라고 했다.

　5) 존 B. 테일러 (John Brian Taylor:1946.12 – 생존) 스탠퍼드
　　대학 원로 교수

　테일러 원로 교수는 1946년 12월생이며 아직 생존해 있다. 그는
Princeton 대학에서 학사, Stanford 대학에서 박사학위를 받았다.
그에게 학문적 영향을 크게 준 교수는 Chicago 대학의 종신교수이
었던 Milton Friedman 교수와 역시 Chicago 대학에서 1962-
1968 동안 산업 관계론(Industrial Relations)을 가르쳤던 George
Schultz 교수이었으며 정책분야에서 영향을 받은 사람은 연방준비
은행 총재였던 Paul Volcker와 Alan Greenspan이었다.

　테일러 교수의 전공 분야는 Monetary Economics이며 특히
Milton Friedman 교수의 영향을 받아 적정통화량, 적정금리에 관
하여 연구를 많이 하였다. 그가 창조한 "Taylor Rule"을 세계 각
국의 중앙은행이 금리-통화정책에 응용하고 있다.

　George Schultz 교수는 1949년 MIT에서 박사학위를 받은 후
1957년까지 MIT에서 가르쳤으며 1957년부터 1968년까지
Chicago 대학교 경영대학원에서 산업 관계론 (Industrial Rela-
tions) 과목을 가르쳤다. 이 기간에 Friedman 교수와 Schultz 교
수는 매우 가까운 친구가 되었다. 1969년에는 Richard Nixon 대
통령을 돕기 위하여 시카고 대학을 떠났다. 그 후 1972-74 기간,
미국 재무장관을 역임하였으며 이 기간에 IMF에 의한 국제환율제

위 사진은 2020년 1월 미국 Stanford 대학 캠퍼스에서 열렸던 MPS 총회에서 찍은 사진임. 본인 바로 옆 사람이 Stanford 대학의 John Taylor (1946- 현존) 명예교수이다. 그는 2020-2022 기간 동안 MPS (Mont Pelerin Society) 회장을 역임하였으며 본인은 같은 기간 중 MPS 7 임원 중의 한 사람으로 활동했다.

Taylor 교수는 Stanford 대학에서 박사학위를 받고 교수가 되었으며 미국 재무부 차관으로 일한 적이 있다. 그의 전공 분야는 금융 및 통화이며 미국의 통화정책에 관여했다.

시카고대학의 Milton Friedman 교수가 1976년 노벨상을 받은 후 4계절 기후가 좋은, Stanford 대학 캠퍼스에 있는 Hoover Institution에 연구원으로 와있는 동안 Taylor 교수와 연구를 같이 하였으며 이런 인연으로 Taylor 교수는 Friedman 교수로부터 경제이론과 경제사상의 영향을 많이 받았으며 MPS 회장까지 역임하였다.

Taylor 교수 옆에 서 있는 분은 미국 테네씨 (Tennessee) 대학의 제프 클라크(Jeff Clark) 교수인데 MPS의 회계를 관리하였으며 왼쪽 끝에 서 있는 분은 영국인 이먼 버틀러(Eamonn Butler) 박사이신데 영국의 정책 Think Tank인 Adam Smith 연구소의 소장을 맡고 있다.

도가 고정환율제에서 변동환율제로 전환하는데 당시 Paul Volcker 연준 총재와 함께 간여하였다. Schultz 박사는 1974년부터 민간 분야인 Bechtel Group에서 일했으며 1982년 Ronald Reagan 대통령의 부름을 받아 미국 국무장관을 역임하였다.

그 후 Schultz 박사가 Hoover Institution의 Distinguished Fellow가 됨으로써 1977년에 이미 와있는 Friedman 교수를 반갑게 만나게 되었다. 한편 Stanford 대학의 John Taylor 원로 교수도 Hoover Institution의 Fellow가 됨으로써 Schultz, Friedman, Taylor 세 학자는 20년 이상 정책연구를 같이 수행했다. 이 기간에 발행된 주요저서 중 많이 알려진 2권을 소개한다면, Rules for International Monetary Stability, Past, Present, and Future edited by Michael Bordo and John B. Taylor published by Hoover Institution Press in 2017 그리고 Choose Economic Freedom Enduring Policy Lessons from the 1970s and 1980s, George P. Schultz and John B. Taylor with Words of Wisdom by Milton Friedman in 2020이다.

6) 마크 스카우젠 (Mark Skousen: 1947- 생존)

마크 스쿠젠 박사는 미국 Chapman 대학의 교수이며 1977년 미국 George Washington University(GWU)에서 경제학 박사 학위를 받았다. 그는 오스트리아학파이며 시카고 경제이론을 가장 많이 아는 학자이다. 그는 자신이 개발한 Gross Output (GO) 개념을 소개했다. GO는 생산물의 최종가치를 평가하는 GDP와는 구별된다. GDP에서 경제의 가장 큰 부분을 차지하는 것은 소비자 지출이다.

모자쓴 스카우젠 교수와 함께

그런데 소비지출은 부와 소득의 결과이지 원인이 아니다. 그런데 정부가 발표하는 통계를 잘못 해석하면, 각국이 GDP 성장을 경쟁적으로 추구하는 상황에서 사람들은 소비지출을 많이 해야 GDP가 성장한다고 믿게 된다. 이것은 선진국이나 후진국이나 정치인은 마치 소비가 경제를 활성화하는 것으로 생각하고 마냥 소비를 부추기는 성향이 있다. 국가적 통계를 잘 못 해석하기 때문이다.

물론 개인적으로는 소득이 있어야 소비를 하게 되는 것이다. 이런 오해를 풀기 위하여 보조지표를 만들자는 노력이 일찍부터 있었는데 오스트리아학파의 Hayek 교수가 그런 노력을 시작했다. 하이에크는 유럽학자로서 1974년 노벨 경제학상을 받았다. 하이에크 이론의 신봉자인 스카우젠은 기업과 최종소비자 간의 거래뿐 아니라 기업과 기업 간의 거래를 추정하여 이것을 총합하여 Gross Output (GO)라 부르고 이를 참고지표 또는 보조지표로 이용해야 한다고 주장했다.

11-6. 가족사진과 친지 사진 설명

장녀 임순을 가장 사랑한 부모님

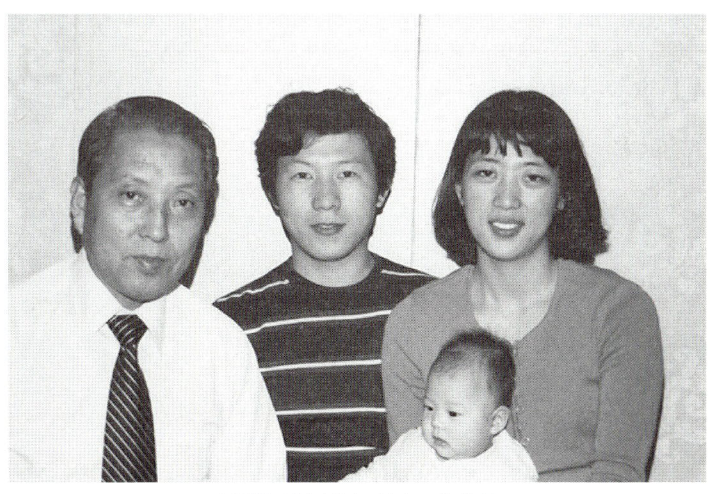

이만갑 외숙부님, 시카고대 방문
이만갑 외숙부께서 60세 되기 전 시카고대학을 구경하시고 우리집에 들리셨음

첫째 딸,혜진 어릴 때
시카고대학에서 박사공부 끝날 무렵인 1980년 초여름

마음이 착한 막내 딸, 혜수
1994년 8월 30일 막내 딸 혜수의 두번 째 생일날

혜수가 외갓집에 세배하러 갔을 때
혜수가 어릴 때 외할아버지와 외할머니가 혜수를 무척 많이 사랑하셨음.

평생 우리의 울타리가 되셨던 이만갑 외숙부님
내 옆 청년은 사촌동생 이성진이며 필자의 외숙모님 옆사람은
이성진 동생의 부인이며 그녀 옆에 있는 분은 외숙모님의 남동생 부인이며
왼쪽 끝에 서있는 사람이 필자의 처이다.

큰 딸 혜진 결혼 후, 우리와 함께(2004.6)
왼쪽 끝에 앉은 사람이 장녀 혜진이며 바로 뒤에 서있는 청년이 혜진의 남편임.
두사람은 미국 Maryland 대학에서 만나서 결혼했음.

2004.6 큰 딸 결혼 후 남은 영곤과 혜수
장남 영곤은 185cm 키큰 청년이 됨

혜수, 미국 버클리대학 졸업, 그리고 최근 엄마와 함께

장녀,혜진의 가족

장녀, 혜진의 아이들 3남매 : 다희, 이산, 민희,

아들 영곤의 결혼 사진
결혼식이 끝나자마자 금방 두 사람은
의젓한 부부처럼 보이네

부모와 함께 : 영곤 결혼식 후 전통 예식

양가 친척과 함께

아들 영곤과 그의 가족

가까운 친척이 광화문 찻집에서 함께 (2024. 8. 17)

일본 Nagoya 대학 교수 Yuko Arayama

시카고대 동문, 일본학자들: Yuko Arayama(Nagoya 대학 교수)와
Masaaki Shirakawa(전 일본중앙은행 총재)

김 인 철

대부분 경제학자는 경제 醫師로서 경제적 병을 고칠 수 있어야 한다고 생각한다. 그러나 경제 지식만으로 경제적 병을 확실하게 고치기가 어렵다. 왜냐하면 경제적 병은 정치문제, 사회문제, 심지어 종교 문제까지 복합적으로 얽힘으로써 발생하기 때문이다.

시카고 대학교 경제학 교수 중에 노벨상을 받은 자가 많다. 그들 중 내게 크게 영향을 교수가 두 분이 계셨다. 한 분은 Milton Friedman 교수이고 또 한 분은 Gary Becker 교수이셨다. Friedman 교수는 1867-1960 기간, 거의 100년 동안 미국의 통화공급 역사를 연구함으로써 적정 통화공급률을 제시하였으며, 월남전쟁이 끝나기 이전까지의 미국의 징병제를 군인에게 봉급을 지급하는 모병제로 바꾸는 등, 인류의 경제 및 사회발전에 크게 기여하였기에 Friedman 교수는 1976년 노벨상을 받으셨다. 그리고 그는 "세상에 지속적인 공짜는 없다"를 주장하셨는데 세계 수많은 사람이 그의 주장에 동의하고 있다.

Becker 교수는 인간자본(人間資本) 이론을 처음 개발 하였으며 이에 따른 교육의 효과에 대하여 오래 연구함으로써 1992년 노벨상을 차지했다. 또한 그는 "사람들의 예배당 출석률을 조사해보니 남자보다 여자가 많고 청년보다 노인이 많은데 왜 그런가?"에 대한 답은, "죽기 전 세상에서 사는 동안, 노동시장에서 시간가치가 일반적으로 여성보다 남성이 더 비싸기 때문이며 노인의 경우, 이 세상에서 사는 날이 청년보다 적기 때문에 교회 출석률이 통계적으로 높다."라는 것이다.

1976년 필자는 시카고 대학원에서 박사 공부를 시작했다. 그때 Friedman 교수는 대학원 초년생인 내게 관심을 가지셨고 그가 편집한 책에 서명을 해주셨다. Becker 교수는 나의 박사논문에 관심을 가지셨고 졸업 후에 그가 국제 원로 학회인 Mont Pelerin Society(MPS)의 회장이 되었을 때 내가 회원이 되게 하셨다. 거기서 Friedman 교수님의 아들인 David Director Friedman 박사를 만나 친구가 되었다. 그이는 Harvard 대학에서 학부를 졸업했으나 석사, 박사 학위는 Chicago 대학교에서 받았으며 그의 연구 분야는 경제학, 물리학, 법학이다. 거의 모든 분야가 그의 연구의 대상이라고 할 수 있다.

이번에 필자가 만든 책의 내용은 경제학과 좀 거리가 멀다. 3대에 걸친 우리 집안의 기독교 신앙의 역사에 관한 것이다. 필자의 부친은 의사이셨는데 6.25 전쟁이 끝날 무렵 환자로부터 병을 얻어 양부모께서 1952-1953 기간에 연차로 세상을 떠나셨다.

이제 필자가 은퇴교수가 된 후로 시간여유가 생겨서 일제 강점기에 넉넉지 않은 집안에서 태어난 김대성 의사께서 어떻게 하여 어릴 때부터 바이올린을 배웠으며, 조선일보사와 동아일보사가 김대성의 바이올린 연주를 취재함으로써 전국에 알려지게 되었는지, 그리고 어떻게 의사가 되셨는지 알고 싶었다. 고맙게도 몇 장의 사진과 몇 분의 도움으로 이번 책을 완성할 수 있었다.

필자가 어렸을 때는 별 관심이 없었지만 결국 집안 역사의 뚜껑을 열어보니 기적의 연속이었다. 필자의 조모이신 이재령 여사께서 젊어 남편을 잃고 어린 유복자와 함께 호주 女 선교사 Ellis J. Davies 의사를 만나 기독교를 받아들임으로써 오히려 한국의 근대화 물결을 조금 빨리 타게 된 것이었다. 역사는 길게 보아야 진면목을 알 수 있듯이 개별적인 기독교 신앙도 사망 후의 미래를 길게 볼 수 있어야 잘 지킬 수 있을 것 같다.

이 책을 끝맺기 전에 기독교인으로서 필자는, 이 모든 것을 가능하게 하신 하나님께 감사드리며, 또한 오늘의 김인철을 만들어 주신 이재령 조모님과 Ellis Davies 여사님께 감사의 뜻을 드린다. 이 두 분께서 살아계시는 동안 2-3대에 걸쳐 우리 후손들을 좋은 길로 이끌어 주신 일을 상기하면서 필자의 에필로그를 끝내고자 한다.

〈주요참고문헌〉

I. 도서
프리드리히 하이에크 (Friedrich Hayek), 노예의 길(The Road to Serf-
dom), 1944년 3월
Milton Friedman and Rose Friedman, Free to Choose, 1980.
____________ Capitalism and Freedom, Fortieth Anniversary Edi-
tion, 1982 and 2002.
Skousen, Mark, Vienna & Chicago or Foes? 2005.

II. 자료집
I-1. 2017년 몽펠르랭 소사이어티 서울총회 결과보고서
한국경제신문, The Mont Pelerin Society Seoul 2017 결과보고서
Economic Freedom: Road to Prosperity, May 7-10, 2017

III. 국문 문헌(책)
崇實交友會, 會員名簿, 평양 숭실대학 역사자료집 VI,
숭실대학교 한국 기독교박물관, 2017. 9. 28
이상규, 이현속 장로의 생애와 순교, 한국교회와 역사연구소, 2016. 7. 1
정병준, 호주 장로회, 선교사들의 신학사상과 한국선교, 1889-1942,
한국기독교 역사연구소, 2007, 3.
존 브라운 지음/ 정병준 옮김, 은혜의 증인들, 한국장로교출판사, 2009.9.

IV. 논문
박윤재, "제중원의 학교의 성장과 선교 의학", 연세대 의사학,
제11권 제1호: 7-17, 2008. 6

V. 신문
조선일보, 崇實 主催 音樂大會, 1933. 11. 11
동아일보, 鎭南浦 基靑 主催로 崇中 音樂會開催, 1933. 11. 23